Katharina Bühler
Stefan Eigel

Offene Aufgabenformen für den Mathematikunterricht

Klassen 5–10

Praktische Materialien
zu den neuen Anforderungen
der Bildungsstandards

Band 2

Auer Verlag GmbH

Gedruckt auf umweltbewusst gefertigtem, chlorfrei gebleichtem
und alterungsbeständigem Papier.

1. Auflage 2009
Nach den seit 2006 amtlich gültigen Regelungen der Rechtschreibung

Fotos: Katharina Bühler, Stefan Eigel
Satz: fidus Publikations-Service GmbH, Nördlingen
Druck und Bindung: Franz X. Stückle Druck und Verlag, Ettenheim
ISBN 978-3-403-0**6267**-7

www.auer-verlag.de

Inhaltsverzeichnis

Vorwort

Hinsichtlich des Mathematikunterrichts wird von Kolleginnen und Kollegen häufig beklagt, dass dieser zu wenig die Fähigkeit zu eigenständigem, problemlösendem Denken fördere. Es wurde festgestellt, dass im Unterricht an deutschen Schulen in der Regel die Erarbeitung von Konzepten und Routinen zur Lösung von schematisierten Aufgaben zu stark im Vordergrund steht. Die Engführung des Unterrichts verbunden mit einer standardisierten Aufgabenkultur bedinge eine Einschränkung des kognitiven Spielraums der Schüler, ohne den ein motivierendes Lernen auf Dauer nicht möglich erscheint.

Die Aufgaben dieses Buches fördern durch ihre Offenheit die intellektuelle Selbstständigkeit der Schüler, da sie mehrere Vorgehensweisen **auf unterschiedlichen Niveaustufen** erlauben, was zur **Differenzierung** beiträgt, und Raum lassen für **eigene Fragestellungen und Überlegungen**.

Die Bildungsstandards fordern diese Form der Aufgabenstellung explizit für alle Schularten, sodass in besonderem Maße eigenverantwortlich gearbeitet werden kann und muss. Die Aufgaben dieses Buches regen zu grundlegenden Überlegungen an und entfachen womöglich auch Diskussionen. Die Lösungen fordern inhaltliche, qualitative **Argumentation** und damit eine **vertiefte Auseinandersetzung mit dem Lehrstoff**. Hier kommt es natürlich nur vordergründig auf das Endergebnis an. Viel wichtiger sind die vielschichtigen Modellbildungsprozesse, die zur Lösung führen. Es müssen Situationen analysiert, vereinfacht und in die Sprache der Mathematik übersetzt werden. Anschließend muss das mathematische Problem mit zu Verfügung stehenden Werkzeugen bearbeitet und das Ergebnis in der vorliegenden Situation interpretiert werden. Damit werden ganz fundamentale Arbeitstechniken erlebt und erfahren.

Im Einführungsteil dieses Buches finden Sie weitere Arbeitsvorlagen für Ihren Unterricht, z. B. eine Zusammenstellung von **Kriterien zur möglichen Bewertung von Schülerleistungen**, einen ausgearbeiteten **Bewertungsbogen zur Leistungsbeurteilung** sowie einen **Rückmeldebogen** für die schriftliche Auseinandersetzung mit offenen Aufgabenformen. Darüber hinaus zeigt eine Tabelle genau auf, welche **Leitideen, Kompetenzen und Anforderungsbereiche der Bildungsstandards** mit den einzelnen Aufgaben bzw. Teilaufgaben besonders geübt werden, sodass ein schneller Überblick gewährleistet ist.

Im Inhaltsverzeichnis erfolgt eine Zuordnung der Aufgaben zu den jeweiligen **Jahrgangsstufen**. Da die einzelnen Aufgaben jedoch ohne großen Aufwand **in ihrem Schwierigkeitsgrad variierbar** sind, können sie auch leicht an die Anforderungen höherer Jahrgänge angepasst werden. Jede Aufgabe beginnt mit einem **Bild**. Ein Begleittext liefert die dazu notwendigen Informationen, dann folgen die einzelnen Teilaufgaben, wobei deren Schwierigkeitsgrad von Teilaufgabe zu Teilaufgabe ansteigt. In den **didaktischen Hinweisen** werden die jeweils **notwendigen Vorkenntnisse** aufgeführt sowie **Gestaltungsgedanken** mit Ideen zur Durchführung und **Differenzierung** gegeben. Die **Lösungsvorschläge** selbst sind als Richtwerte zu verstehen und keinesfalls als absolut zu sehen. Vielfach sind auch sehr individuelle Lösungen möglich. Entsprechende Kommentare finden Sie hierzu auch bei den einzelnen Aufgaben. Jede Aufgabe schließt mit einer Vielzahl von **weiterführenden Fragestellungen** zur Vertiefung oder Weiterarbeit am Thema. Auf einem zusätzlichen Bogen sowie der Homepage des Verlages finden Sie noch einmal **alle Fotos in Farbe**.

Viel Erfolg beim Einsatz der Aufgaben und viele mathematische Momente wünschen

Katharina Bühler und Stefan Eigel

1. Theoretische Grundlagen

Die vorliegenden Aufgaben sind speziell dazu konzipiert, die Bildungsstandards Mathematik im Unterricht umzusetzen sowie auf neuartige Prüfungsanforderungen wie etwa den „Erweiterten Kompetenznachweis im Fach Mathematik" (kurz EKM) in Baden-Württemberg vorzubereiten. Mit diesen offenen Aufgaben fördern Sie bei Ihren Schülern gezielt die Fähigkeit, Problemlösestrategien zu entwickeln, komplexe Zusammenhänge zu erkennen und Neues mit bereits Bekanntem zu verknüpfen. Schon ab Klasse 5 sollten Schüler an diesen besonderen Aufgabentypus herangeführt werden, um die dafür nötigen Denk- und Vorgehensweisen von Anfang an zu trainieren. Von großer Bedeutung bei offenen Aufgaben sind das eigenständige Formulieren von Fragestellungen und Vermutungen, das klar strukturierte Aufbereiten und Präsentieren von Ergebnissen sowie das Reflektieren der jeweiligen Vorgehensweise. Der Kommunikation über mathematische Inhalte und Probleme sowie der Versprachlichung von zusammenhängenden Gedankengängen kommt dabei große Bedeutung zu.

2. Methodisch-didaktische Hinweise und Einsatzmöglichkeiten

Die vorliegenden Aufgaben sind zwar so konzipiert, dass sie in Einzelarbeit gelöst werden können, jedoch ist **Gruppenarbeit** sinnvoller, da alle Beteiligten durch das Zusammenarbeiten für ihr Lernen profitieren. Kooperatives Lernen trägt entscheidend zu einem produktiven Arbeitsklima und zu einem abwechslungsreichen Unterricht bei. Es unterstützt dabei nicht nur den Aufbau sozialer Kompetenzen, sondern auch fachliche Lernprozesse. In Gruppenarbeit müssen die Schüler Gedachtes sprachlich verständlich umsetzen, argumentieren, andere Perspektiven einnehmen und mit diskrepanten Ansichten und Urteilen umgehen. Kooperation bedarf der Übung, um die erforderlichen sozialen Routinen einzuschleifen und Zeitverluste zu minimieren. Jedes Gruppenmitglied kann sich auf seine Weise und mit seinen Möglichkeiten einbringen und dadurch auch von anderen profitieren, um gemeinsam eine Lösung des Problems zu finden.

Die für die Bearbeitung der Aufgaben benötigte **Zeit** hängt stark vom Leistungsvermögen der Klasse, von der Sozialform und der geforderten Art der Bearbeitung ab. Als grober Richtwert sollte die reine Bearbeitungszeit der Aufgaben ohne Vorbereitung eines Plakates oder eines Vortrags 90 Minuten nicht übersteigen.

Die Präsentationsmöglichkeiten zu den offenen Aufgaben sind vielfältig. An dieser Stelle seien nur schlagwortartig einige genannt:

- schriftliche Arbeiten (Wochenarbeitsheft)
- Gruppenfolie/Gruppenplakat
- Lerntagebuch (Portfolios)
- Präsentationen/Vorträge
- Ausstellungen

3. Die Bildungsstandards Mathematik im Überblick

Die Bildungsstandards wurden 2003 von der Kultusministerkonferenz als Reaktion auf die Ergebnisse der PISA-Studie beschlossen. Mit Beginn des Schuljahres 2004/2005 wurden sie für den Mittleren Schulabschluss übernommen und für den Hauptschulabschluss und den Primarbereich zu Beginn des Schuljahres 2005/2006 verbindlich eingeführt.

Die Bildungsstandards beschreiben zum einen die fachbezogenen Kompetenzen und zum anderen die Anforderungsbereiche in diesen Kompetenzen. Die fachbezogenen Kompetenzen werden nach allgemeinen und inhaltsbezogenen Kompetenzen unterschieden.

Die inhaltsbezogenen mathematischen Kompetenzen werden wiederum nach Leitideen geordnet, die im Folgenden kurz erläutert werden.

3.1 Leitideen

Die inhaltsbezogenen mathematischen Kompetenzen sind verschiedenen Leitideen zugeordnet. Sie vereinigen Inhalte verschiedener mathematischer Sachgebiete:

Zahl: Zu dieser Leitidee gehören alle Rechenarten in allen Zahlbereichen, sodass diese Leitidee immer dann eine wichtige Rolle spielt, wenn Rechenverfahren angewendet werden müssen.
Messen: Zu dieser Leitidee gehört der Umgang mit verschiedenen Maßeinheiten und Größenbereichen.
Raum und Form: Zu dieser Leitidee gehört die Verwendung der gängigen Begrifflichkeiten der Ebenen- und der Raumgeometrie.
Funktionaler Zusammenhang: Zu dieser Leitidee gehört der Umgang mit grafischen Darstellungen, dem Koordinatensystem sowie den Grundlagen des Prozentrechnens.
Modellieren:[1] Zu dieser Leitidee gehören sämtliche Kompetenzen, um realitätsbezogene Sachverhalte mathematisch lösen zu können bzw. mathematische Sachverhalte modellhaft so darzustellen, dass sie gelöst werden können.
Daten und Zufall: Zu dieser Leitidee gehören der sinnvolle Umgang mit Daten, die Verwendung des Mittelwerts sowie die geordnete Darstellung von ermittelten Daten.

3.2 Allgemeine mathematische Kompetenzen

Die allgemeinen mathematischen Kompetenzen bilden den inhaltlichen Schwerpunkt und Kern der Bildungsstandards in Mathematik. Sie beschreiben die zentralen Aspekte der Mathematik und werden im Folgenden kurz erläutert:

Mathematisch argumentieren: Zu dieser Kompetenz gehört es, mathematische Aussagen so miteinander zu verbinden, dass eine logische Argumentationskette entsteht. Außerdem umfasst diese Kompetenz die Fähigkeit, Ergebnisse und Behauptungen zu bewerten und zu überprüfen. Für nahezu alle Aufgaben dieses Buches ist sie relevant.
Probleme mathematisch lösen: Diese Kompetenz beinhaltet die Anwendung geeigneter Strategien, wenn die Lösungsstruktur nicht offensichtlich ist und nicht auf bekannte Lösungswege zurückgegriffen werden kann. Dies trifft auf praktisch alle Aufgaben im vorliegenden Buch zu.

[1] Diese Leitidee wird nur im Bildungsplan Mathematik für Baden-Württemberg beschrieben.

Mathematisch modellieren: Eine realitätsbezogene Situation soll mithilfe von mathematischen Mitteln verstanden und so strukturiert werden, dass eine mathematische Lösung und eine Lösung in der Realität möglich sind. Dies trifft auf alle Aufgaben im vorliegenden Buch zu, da es sich ausschließlich um realitätsbezogene Fragestellungen handelt.
Mathematische Darstellungen verwenden: Aus Diagrammen, Schaubildern, Graphen, Fotos und Skizzen sollen wichtige Informationen entnommen werden. Darüber hinaus sollen sie auch eigenständig entwickelt werden können, um einen Sachverhalt grafisch darzustellen. Auch diese Kompetenz wird in vielen Aufgaben dieses Buches trainiert.
Mit symbolischen, formalen und technischen Elementen der Mathematik umgehen: Zu dieser Kompetenz gehört der Gebrauch von mathematischen Fakten. Dazu gehören Definitionen, Regeln, Formeln oder Gleichungen. Hinzu kommen die sinnvolle Verwendung von Hilfsmitteln wie Formelsammlung oder Taschenrechner sowie der sachgemäße Einsatz von Zeichengeräten wie Geodreieck oder Zirkel.
Mathematisch kommunizieren: Zu dieser Kompetenz gehören das Verstehen von Texten und mündlichen Äußerungen in Bezug auf Mathematik sowie das schriftliche und/oder mündliche Formulieren und Präsentieren von Lösungswegen, Ergebnissen und Überlegungen. Die vorliegenden Aufgaben sind dazu gedacht, in der Gruppe bearbeitet zu werden, sodass diese Kompetenz bei allen Aufgaben gefördert wird.

3.3 Anforderungsbereiche

Zum Lösen von Aufgaben werden die allgemeinen mathematischen Kompetenzen in unterschiedlicher Ausprägung benötigt. Hier nennen die Bildungsstandards drei Anforderungsbereiche, die nach Anspruch und kognitiver Komplexität von I nach III zunehmen.

I. Reproduzieren Vertraute Lösungswege werden an identischen Situationen angewendet, ohne dass eigene oder neue Lösungsstrategien gefunden werden müssen.
II. Zusammenhänge herstellen Zur Niveaustufe II gehört es, Informationen selbst zu beschaffen, Lösungswege weiterzudenken oder leicht abzuändern, damit sie an die vorliegende Situation angepasst werden können. Dazu müssen auch Kenntnisse, Fähigkeiten und Fertigkeiten aus verschiedenen Gebieten der Mathematik miteinander verknüpft werden.
III. Verallgemeinern und Reflektieren Zur Niveaustufe III gehört es, komplexe Situationen mathematisch zu lösen, zu bewerten und zu beurteilen.

4. Übersicht über die in den Aufgaben trainierten Kompetenzen und Anforderungsbereiche

Auf der folgenden Seite befindet sich zur besseren Orientierung eine Übersicht zur Klassifikation der einzelnen Aufgaben. Auf einen Blick lässt sich feststellen, welche mathematischen Leitideen in den einzelnen Aufgaben zum Einsatz kommen. Im zweiten Tabellenabschnitt ist ersichtlich, welche allgemeinen mathematischen Kompetenzen in welcher Aufgabe trainiert werden. Die dritte Übersicht listet schließlich auf, welche Teilaufgaben den jeweiligen Anforderungsbereichen I–III zuzuordnen sind.

Aufgabe	Sommer, Sonne, Spaß und mehr	Rund um die Schule	Daraus wird mal Apfelsaft	Es weihnachtet sehr	Setzen, sechs!	Riesiges Werkzeug	Billig tanken!	Ein Stellplatz entsteht	Fliesenlegen – eine Kunst für sich	Flug nach Nirgendwo	Winterdienst	Ein Wahrzeichen: Das Brandenburger Tor	Mit Mathematik spielen	Stricken für Frühchen	Tüllinger im Markgräfler-land	Sportpark Neumatt	Großes Schwimmbecken
Leitideen																	
Zahl	✗	✗	✗	✗	✗	✗	✗	✗	✗	✗	✗	✗	✗	✗	✗	✗	✗
Raum und Form	–	–	–	–	✗	✗	–	✗	✗	–	–	✗	✗	✗	✗	✗	✗
Messen	✗	–	✗	✗	✗	✗	–	✗	✗	✗	✗	✗	✗	✗	✗	✗	✗
Daten und Zufall	✗	✗	✗	(✗)	–	–	✗	(✗)	–	✗	✗	–	✗	(✗)	✗	–	✗
Modellieren	✗	✗	✗	✗	✗	✗	✗	✗	✗	✗	✗	✗	✗	✗	✗	✗	✗
Funktionaler Zusammenhang	✗	(✗)	–	–	(✗)	(✗)	✗	(✗)	(✗)	✗	✗	✗	–	–	–	–	–
Allgemeine mathematische Kompetenzen																	
mathematisch argumentieren	✗	✗	✗	✗	✗	✗	✗	✗	✗	✗	✗	✗	✗	✗	✗	✗	✗
Probleme mathematisch lösen	✗	✗	✗	✗	✗	✗	✗	✗	✗	✗	✗	✗	✗	✗	✗	✗	✗
mathematisch modellieren	✗	✗	✗	✗	✗	✗	✗	✗	✗	✗	✗	✗	✗	✗	✗	✗	✗
mathematische Darstellungen verwenden	✗	(✗)	–	–	✗	✗	✗	(✗)	✗	✗	✗	(✗)	✗	(✗)	–	–	–
mit symbolischen, formalen und technischen Elementen der Mathematik umgehen	–	–	–	–	✗	✗	–	(✗)	✗	✗	✗	✗	✗	✗	✗	✗	✗
Kommunizieren	✗	✗	✗	✗	✗	✗	✗	✗	✗	✗	✗	✗	✗	✗	✗	✗	✗
Niveaustufen																	
Reproduzieren (A)	1–3	1, 2	1, 2	1–3	1	1, 2	1	1, 4	1–4	1, 2, 5	1	1, 2	1–4	1, 2	–	1, 2	1, 2
Zusammenhänge herstellen (B)	4	3–5	3	4	2–4	3–6	5	2, 3, 5	5	3, 4	2, 3	3, 5	5	3–5	1–6	3	3, 4
Verallgemeinern und Reflektieren (C)	–	–	–	5	–	–	2–4	–	–	6	4	4	6	–	–	4	5

Die Niveaustufe C (Verallgemeinern und Reflektieren) kann zudem häufig erreicht werden, wenn die weiterführenden Fragestellungen eingebunden werden.

(✗) = wird ansatzweise, aber nicht maßgeblich trainiert

5. Leistungsbeurteilung

5.1 Bewertung von Gruppenarbeit

Für Leistungen, die in der Gruppe erbracht werden, stellt sich immer auch die Frage nach einer sinnvollen Beurteilung. Gerade im Fach Mathematik wird häufig das Endprodukt nach den Kriterien „richtig" und „falsch" gemessen und entsprechend bewertet. Gruppenarbeit erfordert jedoch eine nicht nur ergebnisfixierte, sondern auch **prozessorientierte Bewertung**, bei der das Verhalten in der Gruppe, die Beiträge zur Problemlösung und die Fähigkeit zu Moderation und Präsentation berücksichtigt werden. Hierbei stößt man aber sehr schnell auf einige Probleme:

- Der genaue Verlauf einer gruppeninternen Diskussion kann nicht immer vollständig verfolgt werden.
- Die Anwesenheit des Lehrers kann dazu führen, dass einige Schüler gehemmt werden, andere dagegen sich profilieren.
- Da die Anteile an einer Aufgabe innerhalb einer Gruppe aufgeteilt werden, kann die individuelle Leistungsfähigkeit oftmals nicht genau bewertet werden.

Da es nicht möglich ist, die Entstehung und Entwicklung einer Lernleistung kontinuierlich zu verfolgen, können Einblicke in den Lernprozess also nur punktuell erfolgen. Einfacher wird die Bewertung mithilfe eines Beobachtungs- und Bewertungsbogens mit transparenten Kriterien. Dieser Kriterienkatalog muss den Schülern vorgestellt werden, sodass sie wissen, was beobachtet und bewertet wird, denn wesentlich für alle Beurteilungsschemen sind Transparenz, Verlässlichkeit und Nachvollziehbarkeit. „Überraschungen" wie plötzliche, unklare Änderungen des Schemas müssen vermieden werden, da sie die Vertrauensbasis bzw. die Verlässlichkeit empfindlich stören. In 5.2 finden Sie einen Bewertungsbogen zur Leistungsbeurteilung, den Sie in Ihrem Unterricht verwenden können.

Bei der Leistungsbeurteilung ist auch eine zweite Vorgehensweise denkbar, in der sich die Gruppe ein Stück weit **selbst beurteilen** und einschätzen kann:
Die Gruppe erhält vom Lehrer für das Ergebnis ihrer Gruppenarbeit eine Beurteilung in Form einer Punktzahl von 1–100. Diese Gruppenpunktzahl kann ebenfalls aus dem unten stehenden Beobachtungsbogen ermittelt werden. Daraus ergibt sich durch Multiplikation mit der Anzahl der Gruppenmitglieder eine Gesamtpunktzahl für jede Gruppe. Die Gruppenmitglieder verteilen diese Punkte in eigener Verantwortung auf die einzelnen Gruppenmitglieder.

Beispiel:
Eine Gruppe mit 4 Schülern erhält 75 von 100 möglichen Punkten. Die Gruppe hat also 300 Punkte zur Verfügung. Von der Gruppe selbst wird ein Vorschlag zur Punkteverteilung erarbeitet, z. B. Person A: 55 Punkte, Person B: 80 Punkte, Person C: 75 Punkte und Person D: 90 Punkte. Am Anfang tendieren die Schüler vielleicht noch dazu, jedem Gruppenmitglied die gleiche Punktzahl zu geben. Wenn diese Bewertungsform jedoch häufiger eingesetzt wird, kommt die Gruppe nach und nach zu einer differenzierteren Punkteverteilung.

5.2 Bewertungsbogen zur Leistungsbeurteilung

Der Beobachtungsbogen auf der nächsten Seite ist ein Vorschlag und kann jederzeit verändert werden. Er ist sowohl zur Beobachtung einzelner Schüler als auch von Gruppen geeignet. Die einzelnen Bewertungskriterien können gestrichen oder durch eigene Vorschläge ersetzt werden. Auch eine andere Punkteverteilung und damit eine andere Gewichtung einzelner bewertbarer Fähigkeiten sind möglich. Durch die Veränderung innerhalb des Bewertungs- und Beobachtungsbogens ergibt sich auch immer eine neue Maximalpunktzahl. Um mit der variierenden Maximalpunktzahl die Note auszurechnen, ist folgende Formel hilfreich:

$$\text{Note} = 6 - \frac{5 \cdot \text{erreichte Punktzahl}}{\text{maximale Punktzahl}} = \ldots$$

Schülerbeobachtungsbogen

Zeitraum:	Namen der Schüler									
	max. Punktzahl	Schüler 1	Schüler 2	Schüler 3	Schüler 4	…	*oder:* Gruppe 1	Gruppe 2	Gruppe 3	…
I. Bewertung der mathematischen Prozesse (20 Punkte)										
Verständnis der Aufgabe	2									
richtige Lösung der Aufgabe	2									
sauberes und übersichtliches Arbeiten	2									
Vorhandensein mathematischer Grundkenntnisse	2									
Vernetzen verschiedener mathematischer Inhalte	2									
verständliche Darstellung von Lösungsvorschlägen für die Lerngruppe (durch Verwendung von Skizzen, mathematischen Hilfsmitteln usw.)	2									
Fähigkeit, mathematisch zu diskutieren	2									
der Aufgabenstellung angepasste Arbeitsgeschwindigkeit	2									
kompetente Reaktion auf Zwischen- oder Nachfragen	2									
Benutzung mathematischer Geräte (Taschenrechner, Formelsammlung, …)	2									
II. Durchführung/Fachliche Qualifikation (36 Punkte)										
1. ***Organisation und Ausführung der Arbeitsaufgaben*** (12 Punkte)										
Zielstrebigkeit	2									
Genauigkeit	2									
systematisches Vorgehen/Selbstständigkeit	2									
Organisationsfähigkeit	2									
Koordinationsfähigkeit	2									
Verantwortungsbereitschaft	2									
2. ***Kommunikationsfähigkeiten*** (18 Punkte)										
Offenheit/Umgangsform	2									
Ausdrucksfähigkeit	2									
Kooperations-/Teamfähigkeit	2									
Konfliktbewältigung	2									
Mitdenken	2									
Zuverlässigkeit	2									
umsichtiges Handeln/Hilfsbereitschaft	2									
eigene Meinung vertreten	2									
Fähigkeit zur Selbstkritik	2									
3. ***Belastbarkeit*** (6 Punkte)										
Konzentrationsfähigkeit	2									
Frustrationstoleranz	2									
Ausdauer	2									
III. Präsentation (20 Punkte)										
äußere Form der Darstellung der Arbeitsergebnisse	3									
Art der Darstellung (Skizzen, Modelle, …)	3									
Ausdrucksfähigkeit	3									
Präsentationsformen	3									
Ziel/Ergebnis (inhaltlich)	3									
schriftliche Ausarbeitung (Projektordner) (*hier:* 5 Punkte)	5									
IV. Kolloquium/Reflexion (8 Punkte)										
Schwierigkeiten erkennen	2									
Lösungen finden	2									
Verbesserungsvorschläge machen	2									
Kritikfähigkeit	2									
Gesamtbewertung – 84 Punkte										

5.3 Rückmeldebogen bei schriftlichen Arbeiten mit offenen Aufgaben

Neben der Art der Leistungsbeurteilung bei offenen Aufgaben stellt sich immer wieder die Frage, wie man den Schülerinnen und Schülern eine geeignete Rückmeldung über ihre erbrachte Leistung geben kann. Es hat sich schon oft gezeigt, dass Schüler allein mit der erzielten Note wenig anfangen können und eigene Schwächen oder Fehler im Rechenprozess noch nicht selbst erkennen können, da vor allem bei offenen Aufgaben die Ergebnisse sehr weit auseinanderliegen und die Schüler die Qualität ihrer Lösung bzw. ihres Lösungswegs nicht richtig einschätzen können. Hierbei haben sich sogenannte Rückmeldebogen als sehr hilfreich erwiesen. Diese sollte zum einen leicht handhabbar sein, zum anderen aber ausführlich genug sein, sodass der einzelne Schüler seine Stärken und Schwächen gut erkennen kann. Der unten aufgeführte Rückmeldebogen ist exemplarisch zu verstehen und soll die verschiedenen Möglichkeiten eines solchen Bogens verdeutlichen. Vor allem in niedrigeren Klassen haben sich Symbole als Beurteilungskriterium bewährt. In höheren Klassen kann der Rückmeldebogen durchaus ausführlicher und detaillierter gestaltet sein. Der hier gezeigte Rückmeldebogen bezieht sich vor allem auf die schriftliche Auseinandersetzung mit offenen Aufgabenformen, da dies eine Ergänzung zum vorangegangenen Bewertungsbogen bei Gruppenarbeiten darstellen soll.

Name: ______________________________

Rückmeldebogen

Mithilfe dieses Blattes kannst du sehen, was dir bei dieser Aufgabe schon gut gelungen ist, woran du noch arbeiten musst und was du noch gar nicht beachtet hast.

Teilbereich bzw. Teilaufgabe	☺	😐	☹
Rechnung zu **Aufgabe 1** mathematisch korrekt			
Rechnung zu **Aufgabe 1** ausführlich erklärt			
Rechnung zu **Aufgabe 2** mathematisch korrekt			
Rechnung zu **Aufgabe 2** ausführlich erklärt			
Rechnung zu **Aufgabe 3** mathematisch korrekt			
Rechnung zu **Aufgabe 3** ausführlich erklärt			
Rechnung zu **Aufgabe 4** mathematisch korrekt			
Rechnung zu **Aufgabe 4** ausführlich erklärt			
Rechnung zu **Aufgabe 5** mathematisch korrekt			
Rechnung zu **Aufgabe 5** ausführlich erklärt			
Darstellung (Schrift, Gestaltung, Übersichtlichkeit)			

Sonstige Bemerkungen:

Im Freibad wurden vergangene Woche nachmittags folgende Temperaturen gemessen:

Tag	Lufttemperatur	Allgemeine Wetterlage
Sonntag	27 °C	sonnig, windstill
Montag	28,5 °C	sonnig, gegen Abend Gewitter möglich
Dienstag	24 °C	anfangs bewölkt, später zum Teil sonnig
Mittwoch	23 °C	Regenschauer, windig
Donnerstag	28 °C	sonnig, leichter Wind, nachmittags bewölkt
Freitag	31 °C	sonnig, windstill
Samstag	27,5 °C	sonnig, abends Gewitter möglich

Die Wassertemperatur betrug jeweils 27 °C.

Preisliste	
Tageskarte Kind (3–18 Jahre)	5,50 €
3-Stunden-Karte Kind	3,50 €
Tageskarte Erwachsene	9,00 €
3-Stunden-Karte Erwachsene	6,50 €
Familienkarte (höchstens 2 Erwachsene mit bis zu 3 Kindern einer Familie)	27,00 €
Aufpreis je weitere halbe Stunde (bis höchstens Tageskartenpreis)	0,50 €

Geburtstagskinder und Kinder unter 3 Jahren haben freien Eintritt!

Aufgaben

1. Zeichne zu den Lufttemperaturen der ganzen Woche ein passendes Säulendiagramm.
2. Schreibe einen Bericht über das Wetter in dieser Woche.
3. Berechne die Eintritte für:
   a) Daniel und Florian (beide 10 Jahre), die 4 Stunden ins Freibad gehen wollen,
   b) Familie Leins, die mit ihren drei Kindern und 3 Freunden der Kinder (alle zwischen 3 und 18 Jahren alt) den ganzen Tag im Bad verbringt,
   c) Vera, die mit ihren Eltern und 7 Freundinnen ihren Geburtstag im Bad feiert. Sie möchten höchstens 3 Stunden im Freibad bleiben.
4. Wie lange muss man mindestens im Freibad bleiben, damit sich eine Tageskarte für ein Kind und einen Erwachsenen lohnt?
5. Erfinde selbst eine kleine Rechengeschichte zum Thema „Besuch des Freibads" und löse sie. Tausche deine Geschichte mit einem Partner aus und kontrolliert gegenseitig eure Aufgaben und Lösungen.

Didaktische Hinweise

Notwendige Vorkenntnisse der Schüler:

- Grundrechenarten
- Rechnen mit Geld
- Umgang mit Daten
- Umgang mit diskontinuierlichen Texten (Preisliste, Säulendiagramm)

Gestaltungsgedanke

Die Rutsche befindet sich im Aquapark im spanischen Benidorm. Die angegebenen Preise stimmen allerdings nicht mit den dortigen Eintrittspreisen überein.
Aufgabe 3 ist als arbeitsteilige Gruppenarbeit möglich. Dann sollten jedoch weitere Aufgaben ähnlicher Struktur vorgegeben werden. Beim Erstellen des Säulendiagramms in Aufgabe 1 ist auch der Einsatz von Excel möglich.

Mögliche Differenzierung

Bei Aufgabe 1 kann eine mögliche Skalierung für das Säulendiagramm vorgegeben werden. Dies vereinfacht die Aufgabe. Aufgabe 5 ist sehr offen gehalten. Für leistungsstärkere Schüler können einschränkende Angaben gemacht werden wie z. B. *Der Eintritt soll nicht mehr als 30 € kosten.* Des Weiteren ist es möglich, bisher nicht genannte Elemente wie Kosten für Eis, Getränke oder Snacks zu integrieren. Für leistungsschwächere Schüler können Anfänge von Rechengeschichten vorgegeben werden oder die Preise vereinfacht werden.

Lösungsvorschläge

1.

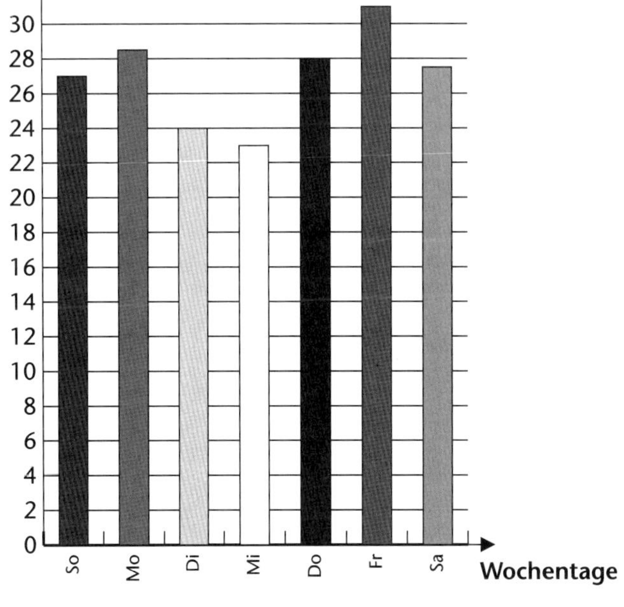

2. Der folgende Lösungsvorschlag ist exemplarisch zu verstehen:

   Am **Sonntag** ist es sonnig und windstill bei 27°C. Am **Montag** steigt die Temperatur auf 28,5°C. Abends sind Gewitter möglich. Am **Dienstag** beginnt der Tag bewölkt, mit Temperaturen um 24°C, im Verlauf des Tages wird es sonniger. Am **Mittwoch** sinkt die Temperatur auf 23°C, es ist regnerisch und windig. Am **Donnerstag** ist es sonnig und es weht ein leichter Wind bei 28°C. Am **Freitag** ist mit 31°C der heißeste Tag der Woche. Dazu scheint die Sonne und es ist windstill. Am **Samstag** erreicht das Thermometer 27,5°C, es ist sonnig. Abends sind Gewitter möglich.

3.

   a) 3,50 € (3-Stunden-Karte Kind) + 2 · 0,50 € (Nachzahlung für eine Stunde) = **4,50 €** (pro Person) ➤ **Gesamtpreis: 9,00 €**

   b) 27 € (Familienkarte) + 3 · 5,50 € (Tageskarte Kind) = **43,50 €**

   c) Vera braucht nichts zu bezahlen (Geburtstag!). Somit bleiben 2 Erwachsene und 7 Kinder zu je 3 Stunden übrig: 2 · 6,50 € + 7 · 3,50 € = **37,50 €**

4. Um auf den Preis von 5,50 € zu kommen, muss ein Kind **über 5 Stunden** im Bad bleiben: 3,50 € + 4 · 0,50 € = 5,50 €

   Um auf den Preis von 9,00 € zu kommen, muss ein Erwachsener **über 5,5 Stunden** im Bad bleiben: 6,50 € + 5 · 0,50 € = 9,00 €

5. Individuelle Lösungen.

Weitere mögliche Fragestellungen

- Beobachte eine Woche lang die Lufttemperaturen deines Wohnortes und zeichne ein passendes Säulendiagramm.
- Erkundige dich nach den Eintrittspreisen eines Freibads in deiner Nähe und vergleiche.
- Wie lang ist die Rutsche auf dem Foto wohl? Gehe davon aus, dass die Rutsche am unteren Bildende endet.
- Am Sonntag wurde das Freibad von insgesamt 547 Besuchern besucht. Schätze ab, wie viele Besucher an den anderen Tagen im Freibad waren und begründe deine Meinung.

Die Keplerschule in Schorndorf

Die Keplerschule in Schorndorf bei Stuttgart ist eine Grund- und Hauptschule mit Werkrealschule mit etwa 450 Schülern. Die Hälfte davon geht in die Haupt- oder Werkrealschule. Die Keplerschule ist eine Ganztagsschule, das heißt, die Schüler haben abgesehen vom Freitag jeden Nachmittag Unterricht oder Wahlangebote. Die Mittagspause verbringen täglich etwa 100 Schüler gemeinsam in der Mensa beim Essen und Erholen. Die restlichen Schüler verbringen ihre Mittagspause zu Hause. Die Hausaufgaben werden in den sogenannten Lernzeiten erledigt. In den Klassenlehrerstunden werden aktuelle Dinge besprochen oder Themen behandelt, die sich die Klasse gewünscht hat.

In der 7. Stunde können alle Schüler, die zum Essen in der Schule bleiben, zwischen verschiedenen Angeboten wählen. Am Mittwoch- und Donnerstagnachmittag in der 8. und 9. Stunde wählen alle Schüler der Haupt- und Werkrealschule ebenfalls aus vielen verschiedenen Angeboten aus.

Hier siehst du einen Stundenplan einer 6. Klasse:

Std.	Montag	Dienstag	Mittwoch	Donnerstag	Freitag
1.	Klassenl.	Sport	PC	Deutsch	Klassenl.
2.	Deutsch	Sport	Englisch	BK	Mathe
3.	Mathe	Deutsch	Englisch	Musik	Englisch
4.	Mathe	Deutsch	Deutsch	Religion	WAG
5.	Englisch	Mathe	MNT	Religion	WAG
6.	Lernzeit	Lernzeit	Lernzeit	Lernzeit	WAG
MITTAGSPAUSE					
7.	Angebot	Angebot	Angebot	Angebot	
8.	MNT	WZG	Angebot	Angebot	
9.	MNT	WZG	Angebot	Angebot	

Erläuterungen der Abkürzungen:
WAG: Wirtschaft-Arbeit-Gesundheit
MNT: Materie-Natur-Technik
WZG: Welt-Zeit-Gesellschaft
PC: Informationstechnische Grundlagen
BK: Bildende Kunst

In der Mensa beim Mittagessen

Gemeinsames Lernen in der Lernzeit

Aufgaben

1. Vergleiche den Stundenplan mit deinem eigenen Stundenplan und schreibe Unterschiede und Gemeinsamkeiten auf.
2. Jeder Schüler muss pro Woche mindestens ein Sportangebot und ein musikalisches Angebot wählen. Stelle einen geeigneten Stundenplan zusammen und begründe, wie du vorgegangen bist.

3. Überlege, wie viele Schüler wohl an jedem Mittagsangebot (7. Stunde) und an jedem Nachmittagsangebot (Mittwoch und Donnerstag, 8. und 9. Stunde) teilnehmen und begründe deine Entscheidung. Die folgende Tabelle gibt dir eine Übersicht über die möglichen Angebote:

7. Stunde Montag:	7. Stunde Dienstag:	7. Stunde Mittwoch:	7. Stunde Donnerstag:
• Mensatreff • Entspannungs-AG • Sportspiele • Hip-Hop-Tanzen • Chor • Jugend debattiert • Internet-Café	• Mensatreff • Entspannungs-AG • Fitnessraum-AG • Gitarren-AG • Fit for Fun (Aerobic) • Let's dance • Arbeit im Schulgarten	• Mensatreff • Entspannungs-AG • Fußball-AG • Brettspiele spielen • Saxophonunterricht • Streitschlichter • Lesen in der Bücherei	• Mensatreff • Entspannungs-AG • Fußball-AG • Fitnessraum-AG • Querflötenunterricht • Internet-Café • Chor

8./9. Stunde Mittwoch:	8./9. Stunde Donnerstag:
• Bewerbertraining (nur Kl. 9) • Geduldsspiele herstellen • Sprachkurs Russisch • Sprachkurs Italienisch • Sprachkurs Türkisch • Schulband • Theater-AG • Kunst-AG • Bildhauerei • PC-AG • 16 evangelische Schüler der Klasse 8 sind im Konfirmandenunterricht	• Zirkus-AG • Leichtathletik • Tischtennis • Schach • Akrobatik • PC-AG • Instrumental-AG • Lesetreff in der Schulbücherei • Schülerfirma • Türkei-AG mit Exkursion in die Türkei • 16 Schüler der Klasse 9 haben Förderkurs in Mathematik und Englisch

4. In der Mensa gibt es 15 verschiedene Gerichte, die täglich vorbestellt werden können. Die beiden beliebtesten Gerichte sind Spaghetti Bolognese und Hähnchenbrustfilet mit Rösti und Mischgemüse. Schätze ab, wie häufig jedes der 15 Essen wöchentlich verkauft wird und begründe, wie du vorgegangen bist. Beachte, dass die Schüler freitags nicht in der Mensa essen.

5. Schreibe mindestens zwei Fragen zum Ganztagsbetrieb auf, die du mithilfe der Informationen beantworten kannst, und löse sie. Tausche deine Fragen mit deinem Nachbarn und kontrolliert euch gegenseitig.

Didaktische Hinweise

Notwendige Vorkenntnisse der Schüler:

- Grundrechenarten
- hohe Lesefertigkeit
- Umgang mit diskontinuierlichen Texten
- (Durchschnittsberechnungen)
- Abschätzen
- mathematisch argumentieren und begründen

Gestaltungsgedanke

Die Bedingungen dieses Ganztagsbetriebs sind exemplarisch zu verstehen und zum Teil didaktisch etwas reduziert. Aktuelle Informationen sind auf der Homepage der Schule nachzulesen (www.keplerschule-schorndorf.de). Selbstverständlich können die Daten abgewandelt werden bzw. die Daten der eigenen Schule verwendet werden.

Bei Aufgabe 5 bietet sich an, alle Schüler ihre Aufgaben kurz vorstellen und präsentieren zu lassen. So wird das Präsentieren von mathematischen Problemstellungen trainiert.

Mögliche Differenzierung

Die gesamten Aufgabenvorschläge sind sehr offen gestaltet und ermöglichen somit eine Differenzierung. Bei Aufgabe 1 kann eine Mindestanzahl an Unterschieden oder Gemeinsamkeiten vorgegeben werden. Leistungsschwächere Schüler können vorgegebene Satzanfänge ergänzen oder vorgegebene Fragen beantworten. Bei Aufgabe 2 kann bei der einfachsten Lösung darauf geachtet werden, an irgendeinem Tag das Sportangebot zu wählen. Eine differenziertere Lösung wäre beispielsweise, das Sportangebot nicht am selben Tag wie den Sportunterricht zu wählen, um die Sportstunden besser auf die Woche zu verteilen. Für das Sportangebot am Tag des Sportunterrichts spräche jedoch, dass man dann die Sportsachen nur einmal wöchentlich in die Schule mitnehmen muss. Aufgabe 3 kann rein rechnerisch über die Durchschnittsberechnung gelöst werden. Eine differenzierte Lösung beinhaltet hingegen Überlegungen zur Beliebtheit einzelner Angebote.

Lösungsvorschläge

1. Individuelle Lösungen, möglich sind beispielsweise:
   - Vergleiche der Stundenanzahl einzelner Fächer,
   - Vergleiche der Gesamtstundenzahl,
   - Vergleiche zwischen Fächern, die an anderen Schularten angeboten werden.

2. Individuelle Lösungen, wichtig sind dabei die nachvollziehbaren Erklärungen.

3. Eine rein rechnerische Lösung ist über die Durchschnittsberechnung möglich:

   Für die Angebote in der 7. Stunde gilt: Es gibt täglich 7 Angebote, die von 100 Schülern besucht werden: $100 : 7 \approx 14{,}29$

   Durchschnittlich sind in jedem Angebot in der 7. Stunde **14 bis 15** Schüler.

   Für die Angebote in der 8. und 9. Stunde gilt: Es gibt täglich 10 Angebote, die von 209 Schülern besucht werden (mittwochs Konfirmandenunterricht und donnerstags Förderkurs abziehen): $209 : 10 = 20{,}9 \approx \mathbf{21}$

   Durchschnittlich sind in jedem Angebot in der 8. und 9. Stunde **21** Schüler.

   Aber auch individuelle Lösungen mit sinnvoller Begründung sind möglich und wünschenswert. (Vor allem sind mittwochs und donnerstags in den Angeboten der 7. Stunde eher mehr Schüler, weil nicht 17 Schüler am Instrumentalunterricht teilnehmen.)

4. Es werden täglich ca. 100 Essen benötigt. Wöchentlich sind es dann 400 Essen. Wenn jedes Essen gleich häufig verkauft wird, gilt: $400 : 15 = 26{,}67 \approx \mathbf{27}$

   Geht man davon aus, dass die 2 genannten Gerichte deutlich häufiger gegessen werden, kann die Lösung wie folgt aussehen, dies ist jedoch exemplarisch zu verstehen: Jeder Schüler isst einmal pro Woche Spaghetti Bolognese und einmal Hähnchenbrustfilet.

   $200 : 13 = 15{,}4 \approx \mathbf{15}$

   Die beliebtesten Essen werden jeweils **100-mal** verkauft. Alle anderen Gerichte werden etwa **15-mal** pro Woche verkauft.

5. Individuelle Lösungen.

Weitere mögliche Fragestellungen

- Stelle deinen Wunschstundenplan zusammen und begründe deine Entscheidungen.
- Startet in eurer Klasse eine Umfrage zum Thema „AG-Angebot" an eurer Schule. Wertet eure Ergebnisse mithilfe eines Diagramms aus.
- Diskutiert in eurer Klasse über die Vor- und Nachteile einer Ganztagsschule.

Wenn im Herbst Äpfelerntezeit ist, bringen auch Privatpersonen, die sogenannte Streuobstwiesen besitzen, ihre Äpfel zu zentralen Sammelstellen. Dort wird daraus Apfelsaft gemacht. Je nachdem, wie gut die Ernte ausfällt, bekommt man für einen Doppelzentner Äpfel bis zu 15 €. Im Jahr 2008 bekam man für einen Doppelzentner Äpfel nur etwa 5 €, da die Ernte besonders groß ausgefallen war. Im Jahr zuvor war ein Großteil der Ernte dem Frost zum Opfer gefallen und es wurden Rekordsummen von bis zu 20 € pro Doppelzentner Äpfel ausbezahlt.

Um einen Zentner Äpfel aufzusammeln, benötigt man etwa 15 Minuten. Ein einziger, ausgewachsener Apfelbaum kann bis zu 15 Zentner Äpfel Ertrag bringen. So ein großer Baum benötigt aber auch sehr viel Platz, nämlich bis zu 40 m^2. Aus einem Doppelzentner Äpfel werden je nach Sorte etwa 60 l Saft gewonnen.

Bei manchen saftverarbeitenden Betrieben kann man sich statt eines Lohns für die Äpfel auch Saftgutschriften geben lassen. Beispielsweise erhielt man im Jahr 2008 für einen Zentner Äpfel 33 Liter Apfelsaft zu einem günstigeren Preis. Für eine 1-Liter-Flasche Apfeldirektsaftsaft zum regulären Preis von 0,88 € musste man nur 0,55 € bezahlen. Apfelsaft aus Konzentrat kostet regulär 0,85 € je Flasche, als Saftgutschrift musste man pro Flasche 0,51 € bezahlen. Zudem sind Kombinationen aus Saftgutschrift (auch Lohnverarbeitung genannt) und Geld möglich. Die Saftgutschriften sind jeweils ein Jahr gültig.

Aufgaben

1. Auf welchen Verdienst pro Stunde kam eine Person im Jahr 2007, die Äpfel erntete und ablieferte? Vergleiche mit dem Verdienst pro Stunde von 2008.
2. Ein Ehepaar hat im Jahr 2008 insgesamt 5 Zentner Äpfel von einem kleinen Apfelbaum in seinem Garten geerntet. Wie viel Lohn würde es hierfür erhalten? Wie viel Liter Saft könnte sich das Ehepaar günstiger kaufen? Wie viel Geld kann es dabei sparen?
3. Eine vierköpfige Familie besitzt 4 kleinere Apfelbäume und hat im Jahr 2008 insgesamt 20 Zentner Äpfel geerntet. Soll sich die Familie den Lohn für die Äpfel auszahlen lassen oder eher eine Saftgutschrift geben lassen? Was schlägst du vor?

Didaktische Hinweise

Notwendige Vorkenntnisse der Schüler:

- hohe Lesefertigkeit
- Umgang mit verschiedenen Mengenangaben und Maßzahlen (Gewicht, Liter und Geld)
- mathematisch argumentieren und begründen

Gestaltungsgedanke

Da es bei der Apfelernte üblich ist, mit der Gewichtseinheit Zentner und Doppelzentner zu arbeiten, ist dies in der Aufgabe so belassen. Selbstverständlich kann man den Schülern die Hilfestellung geben, dass ein Zentner 50 kg beträgt und ein Doppelzentner dasselbe ist wie 100 kg. Zudem kann mit den Schülern erarbeitet werden, wie viele Äpfel in einen Sack passen und wie viele Säcke beispielsweise in einem Pkw transportiert werden dürfen bzw. ab wie vielen Zentnern ein Anhänger notwendig wird. – Des Weiteren kann im Herbst auf aktuelle Angaben und Preise zurückgegriffen werden. Zudem regt die Aufgabe dazu an, einen Vergleich zwischen verschiedenen Apfelsaftprodukten (wie Apfelsaft aus Konzentrat, Apfeldirektsaft, naturtrüber Apfelsaft, Apfelschorle, Apfelfruchtsaftgetränk mit einem deutlich niedrigeren Saftgehalt) hinsichtlich Kosten, Geschmack, Nährstoffgehalt etc. anzustellen.

Mögliche Differenzierung

Um den Leseaufwand zu verringern, können unwichtige Angaben weggelassen werden. Dies gilt vor allem für die Lohnangabe für Äpfel der letzten Jahre oder die Angabe, wie viel Saft aus einem Zentner Äpfel gewonnen werden kann. Erschweren kann man die Aufgabe beispielsweise dadurch, dass man auch Preise von anderen Saftsorten angibt. Generell lag 2008 die Ermäßigung bei der sogenannten Lohnverarbeitung bei Apfelsaftprodukten (z. B. Apfelschorlen oder Mixgetränken mit anderen Saftsorten) zwischen 33 ct und 27 ct, je nach Apfelsaftgehalt im Produkt. Bei anderen Saftsorten ohne Apfelsaft lag die Ermäßigung bei 15 ct je 1-Liter-Flasche. Für 6er- oder 12er-Kisten betrug der Preis für eine Flasche Apfelsaft 0,86 €. Apfelsaft aus Konzentrat kostete in der 6er- oder 12er-Kiste 0,83 €.

Lösungsvorschläge

1. Pro Stunde können etwa 4 Zentner oder 2 Doppelzentner geerntet werden. Nicht berücksichtigt sind dabei An- und Abfahrt und Ein- und Ausladen.

   Verdienst 2007: 2 · 20 € = 40 € ➤ Der reine „Stundenlohn" betrug im Jahr 2007 **40 €**.

   Verdienst 2008: 2 · 5 € = 10 € ➤ Der reine „Stundenlohn" betrug im Jahr 2008 **10 €**.

2. Lohn für 5 Zentner (entspricht 2,5 Doppelzentnern) im Jahr 2008: 2,5 · 5 € = 12,50 €

   Der Lohn würde **12,50 €** betragen.

   Saftgutschrift: 5 · 33 l = 165 l ➤ Die Saftgutschrift wäre für **165 l** gültig.

Bei Direktapfelsaft würde das Ehepaar pro Flasche 0,88 € – 0,55 € = 0,33 € sparen, d. h. insgesamt 165 l ·0,33 €/l = **54,45 €.**

Bei Apfelsaft aus Konzentrat spart man pro Flasche 0,85 € – 0,51 € = 0,34 €, also insgesamt 165 l · 0,34 €/l = **56,10 €.**

➤ Je nach Apfelsaftsorte würde das Ehepaar **54,45 €** oder **56,10 €** sparen. Zudem ist es gut möglich, dass ein Zweipersonenhaushalt im Jahr 165 l Apfelsaft trinkt. Pro Person und Tag wären dies rund 226 ml (165 l : 2 : 365 d = 0,226 l/d).

3. Der Lohn für 20 Zentner im Jahr 2008 betrug: 10 · 5 € = **50 €.**

   Saftgutschrift: 20 · 33 l = **660 l** ➤ Die Saftgutschrift wäre für **660 l** gültig.

   Bei Direktapfelsaft spart man 660 l · 0,33 €/l = **217,80 €.**

   Bei Apfelsaft aus Konzentrat spart man 660 l · 0,34 €/l = **224,40 €.**

   Würde die Familie die gesamte Saftgutschrift nehmen, müssten über ein Jahr hinweg 660 l Apfelsaft getrunken werden. Pro Person wären dies täglich etwa 0,5 l. Dies ist vermutlich zu viel.
   Deshalb wäre eine Kombination aus Lohn und Saftgutschrift möglich und sinnvoll. Eine Möglichkeit wäre, die Hälfte als Lohnauszahlung zu belassen und 330 l als Saftgutschrift zu nehmen. Der Lohn würde dann **25 €**, die Ersparnis beim Apfelsaft **108,90 €** (Direktapfelsaft) bzw. **112,20 €** (Apfelsaft aus Konzentrat) betragen.

   Viele andere Begründungen und Rechnungen sind möglich, z. B.: Wenn man den Lohn von 25 € mit den Kosten für den Saft verrechnet, kostet der Saft nur noch 83,90 € bzw. 87,20 €.

Weitere mögliche Fragestellungen

- Finde selbst eine Frage, die du mithilfe des Bildes oder der Angaben lösen kannst. Schreibe Frage, Rechnung und Antwort auf.
- Wie viel Zentner Äpfel sind wohl auf dem Foto abgebildet? Wie viel Saft kann daraus gewonnen werden? – Hinweis: Die auf dem rechten Bildrand zu sehende Mauer ist 1,40 m hoch und kann als Bezugsgröße herangezogen werden, wenn es um die Höhe des Apfelberges geht. Die Höhe beträgt somit ca. 1,85 m.
- Wie viel Apfelsaft wird in eurer Klasse wohl pro Woche/pro Jahr getrunken?
- Wie viele Äpfel müssen geerntet werden, um euren Wochen- oder Jahresbedarf an Apfelsaft zu decken?
- Wie viel Zentner Äpfel müsste deine Familie ernten, um euren gesamten Jahresbedarf an Apfelsaft zum günstigen Lohnverarbeitungspreis zu erhalten?
- Der Jahresbedarf einer Familie beträgt 300 Flaschen Apfelsaft. Sie möchte für den Saft nichts bezahlen (Saftgutschrift plus Lohn!).

Das Bild zeigt eine Auswahl der beliebtesten Plätzchen. Dabei handelt es sich um Zimtsterne, Schokoladenplätzchen, Haselnussmakronen, Butter-S und Vanillekipferl (im Uhrzeigersinn von links oben beginnend). Jedes Plätzchen wiegt zwischen 8 und 10 Gramm.

Die Zutatenlisten findest du hier:

Zimtsterne
(ca. 60 Stück)

- 3 Eiweiß
- 250 g Puderzucker
- abgeriebene Schale und Saft einer halben unbehandelten Zitrone
- 350 g gemahlene Mandeln
- 1 TL Zimt

Schokoladenplätzchen
(ca. 60 Stück)

Für den Teig:
- 200 g Mehl
- 60 g Stärkemehl
- 1 TL Backpulver
- 100 g Zucker
- 1 Päckchen Vanillezucker
- 1 Ei
- abgeriebene Schale einer unbehandelten Orange
- 125 g Butter
- 100 g grob gehackte Schokolade

Zum Verzieren:
- 150 g Zartbitterkuvertüre

Haselnussmakronen (ca. 100 Stück)

- 6 Eiweiß
- 500 g Puderzucker
- 500 g gemahlene Haselnüsse
- 100 g ganze Haselnüsse
- 100 Oblaten (3–4 cm Durchmesser)

Butter-S (ca. 80 Stück)

- 400 g Mehl
- 250 g Butter
- 125 g Zucker
- 1 Ei
- 1 Eigelb

Zum Bestreuen:

- 150 g Hagelzucker

Vanillekipferl (ca. 60 Stück)

- 300 g Mehl
- 50 g gemahlene Mandeln
- 50 g gemahlene Haselnüsse
- 100 g Zucker
- 2 Eigelbe
- 200 g Butter

Zum darin Wälzen:

- 4 Päckchen Vanillezucker
- 150 g Puderzucker

Aufgaben

Stelle dir vor, du möchtest alle abgebildeten Plätzchen nachbacken:

1. Erstelle eine geeignete Einkaufsliste für sämtliche Zutaten.
2. Berechne die Gesamtkosten der Zutaten, indem du die Preise in einem Supermarkt herausfindest. Bedenke, dass nicht alle Zutaten in der gewünschten Menge verkauft werden und du am Ende Zutaten übrig haben wirst.
3. Deine Klasse möchte auf dem Weihnachtsmarkt Tüten mit den oben genannten selbstgebackenen Plätzchen verkaufen. In jeder Tüte sollen etwa 150 g Plätzchen enthalten sein. Wie viele Tüten sind mit der angegebenen Menge möglich?
4. Stelle eine geeignete Mischung zusammen, sodass alle Plätzchen etwa gleich verteilt sind und alle Tüten ungefähr denselben Inhalt haben.
5. Überlege dir einen angemessenen Preis für die Plätzchentüte und begründe deinen Preisvorschlag.

Didaktische Hinweise

Notwendige Vorkenntnisse der Schüler:

- Grundrechenarten
- Umgang mit verschiedenen Mengenangaben und Maßzahlen (Gewicht und Geld)
- Informationsbeschaffung (Preise der benötigten Zutaten)
- Argumentieren

Gestaltungsgedanke

Die Preis- und Rezeptangaben sind authentisch. Möglich ist es, aus dieser Aufgabe ein Klassenprojekt zu machen, bei dem jeder Schüler sein Lieblingsrezept mitbringt und eventuell ein Rezeptbüchlein entsteht. Spannend ist es auch, Rezepte aus anderen Ländern mit den hier verwendeten zu vergleichen.

Mögliche Differenzierung

Um den Rechercheaufwand zu verringern, ist es möglich, die einzelnen Zutatenpreise oder sogar den Gesamtpreis des Einkaufs vorzugeben. Zudem kann der Einsatz des Taschenrechners erlaubt werden. Die Aufgabe wird außerdem vereinfacht, wenn man vorgibt, dass die Teigmengen jeweils für 80 Plätzchen ausreichen und/oder jedes Plätzchen 10 g wiegt. Mit diesem gerundeten Wert kann ganz einfach gerechnet werden. Um den Schwierigkeitsgrad zu erhöhen, kann man weitere Plätzchenrezepte aufnehmen oder weitere Rezeptvarianten zu den einzelnen Plätzchensorten vorgeben. Die Schüler sollen daraus das aufwendigste beziehungsweise teuerste Rezept herausfinden.

Lösungsvorschläge

1. Benötigt werden:

   11 Eier (Eigelb und Eiweiß werden teilweise für unterschiedliche Rezepte verwendet)
   575 g Butter
   900 g Puderzucker
   325 g Zucker
   150 g Hagelzucker
   5 Päckchen Vanillezucker
   900 g Mehl
   400 g gemahlene Mandeln
   550 g gemahlene Haselnüsse
   100 g ganze Haselnüsse
   60 g Stärkemehl
   1 Biozitrone
   1 Bioorange
   1 TL Backpulver
   100 g Schokolade

150 g Zartbitterkuvertüre
100 Oblaten
Zimtpulver

Zudem kann noch Backpapier eingekauft werden.

2. Die Preise können je nach Marke und Ladenkette variieren. Sie sind deshalb als Richtwert zu verstehen:

12 Eier (2 mal 6 Eier)	2,58 €
625 g Butter (2 mal 250 g und einmal 125 g)	1,97 €
1 000 g Puderzucker (4 mal 250 g)	3,16 €
1 000 g Zucker	0,85 €
250 g Hagelzucker	0,99 €
1 Packung Vanillezucker (enthält 10 Päckchen)	0,19 €
1 000 g Mehl	0,39 €
400 g gemahlene Mandeln (2 mal 200 g)	1,98 €
600 g gemahlene Haselnüsse (3 mal 200 g)	2,97 €
200 g ganze Haselnüsse	1,09 €
250 g Stärkemehl	0,49 €
1 Biozitrone	0,49 €
1 Bioorange	0,69 €
1 Packung Backpulver (enthält 6 Päckchen)	0,19 €
100 g Schokolade	0,89 €
200 g Zartbitterkuvertüre	0,69 €
100 Oblaten	1,19 €
10 g Zimtpulver	1,29 €
1 Rolle Backpapier	1,19 €

Der Gesamtpreis beträgt **23,28 €.** Die Preisvorschläge der Schüler können somit im Bereich zwischen etwa 20 € und 28 € variieren.

3. Zimtsterne: 60 Stück
Schokoladenplätzchen: 60 Stück
Haselnussmakronen: 100 Stück
Butter-S: 80 Stück
Vanillekipferl: 60 Stück

Aus den angegebenen Mengen erhält man etwa **360 Plätzchen.**

Jede Tüte enthält zwischen **15 und 18 Plätzchen**, je nach Einzelgewicht der in der Tüte enthaltenen Plätzchen.

360 : 15 = 24

360 : 18 = 20 ➤ Somit sind also zwischen **20 und 24 Tüten** möglich.

4. Geht man von 20 Tüten aus, enthält jede Tüte 3 Zimtsterne, 3 Schokoladenplätzchen, 5 Haselnussmakronen, 4 Butter-S und 3 Vanillekipferl.

   Geht man von 24 Tüten aus, enthält jede Tüte 2 oder 3 Zimtsterne, 2 oder 3 Schokoladenplätzchen, 2 oder 3 Vanillekipferl, 4 Haselnussmakronen, 3 oder 4 Butter-S.

   Die Gesamtanzahl sollte dabei 15 Plätzchen betragen.

5. In der Gastronomie rechnet man damit, dass 30 % des Preises für die Zutaten entfallen. Bei 25 € Zutaten sowie Kosten für Verpackung und Dekoration der Tüten kommt man auf Ausgaben von ca. 30 €. Nicht berechnet sind Strom- und Wasserkosten für die Herstellung und das anschließende Abspülen der benutzten Küchengeräte.

30 €	≙	30 %
1 €	≙	1 %
100 €	≙	100 %

   Rein rechnerisch sollte der Preis aller verkauften Tüten also 100 € betragen. Somit kostet eine Tüte Plätzchen zwischen: 100 € : 20 = **5 €** und 100 € : 24 = **4,17 €**.

   Für wohltätige Zwecke werden oft auch Zutaten gespendet. Somit können die Tüten billiger abgegeben werden.

Weitere mögliche Fragestellungen

- Führe in deiner Klasse eine Umfrage zum Thema „Plätzchen" durch. Stelle deine Ergebnisse in einem Säulen- oder Balkendiagramm dar.
- Wie viele Plätzchen isst deine Familie in der Weihnachtszeit? Schätze und begründe deine Überlegungen.
- Deine Schulklasse möchte mindestens 100 Plätzchentüten verkaufen. Wie viele Plätzchen werden dazu benötigt? Wie viel kosten die hierfür benötigten Zutaten?
- Wie viele Dosen benötigt man zur Aufbewahrung der Plätzchen?

Weil am Rhein im Südwesten Baden-Württembergs bezeichnet sich als die „Stadt der Stühle" und lockt damit zahlreiche Besucher an. Ausgestellt sind diese Stühle zum einen auf dem Gelände des Vitra Design Museums, zum anderen finden sich rund 20 übergroße Designer-Stühle überall auf das Stadtgebiet verteilt. Ganz Weil am Rhein wird so zu einem Stuhl-Freilichtmuseum.

Der abgebildete Stuhl mit einer quadratischen Sitzfläche für Riesen steht an der Hauptstraße mitten in der Innenstadt.

Gefertigt wurde er aus kaltgewalztem Feinblech mit einer Stärke von 2 mm. Dieses Blech hat ein Flächengewicht von 16 kg/m².

Skizze der Stuhlbeine und Armlehne

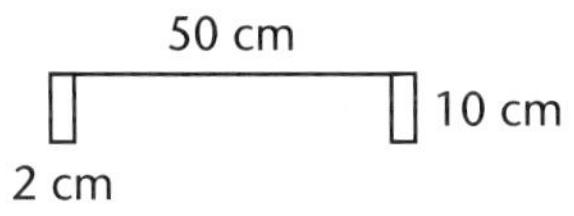

Aufgaben

1. Gib den Maßstab des Stuhls auf dem Foto im Verhältnis zur Wirklichkeit an.
2. Wie groß müsste ein Riese sein, der auf diesem Stuhl Platz nehmen könnte?
3. Schätze, wie viele normal große Menschen auf der Sitzfläche des Stuhls stehen könnten. Begründe deine Schätzung durch eine Rechnung.
4. Der Stuhl ist aus 2 mm starkem Blech gefertigt. Berechne das Gewicht (= die Masse) des gesamten Stuhls. Beachte die Konstruktionsweise der Stuhlbeine und Armlehne (siehe Detailbild). Wie wurde der Stuhl transportiert? Begründe deine Meinung.

Didaktische Hinweise

Notwendige Vorkenntnisse der Schüler:

- Dreisatz
- sicherer Umgang mit Flächenmaßen
- Rechnen mit Masse
- Rechnen mit Maßstäben

Gestaltungsgedanke

Zu Beginn der Aufgabe kann man die Größe des Riesen von den Schülern schätzen lassen. Darauf kann dann nach Berechnung von Teilaufgabe 2 wieder eingegangen werden.
Zur Verdeutlichung des Maßstabs ist es ratsam, maßstabsgetreue Skizzen zu erstellen. Vergrößerungsmaßstäbe sind in der Realität seltener anzutreffen als Verkleinerungen, sodass durch die zeichnerische Darstellung Missverständnisse vermieden werden können und so eine gemeinsame Grundlage zum Weiterrechnen geschaffen werden kann.
Als Ergänzung der Aufgabenstellung können weitere Möbelstücke für Riesen entworfen werden.

Mögliche Differenzierung

Für die einzelnen Aufgabenteile können Tippkärtchen vorbereitet werden. Diese Tippkärtchen werden bei Bedarf an schwächere Gruppen verteilt.

- 1. Aufgabe: Überlege dir, wie groß die Frau auf dem Foto in Wirklichkeit ist. So kannst du die Größe des Stuhls und den Maßstab berechnen.
- 2. Aufgabe: Der Maßstab des Stuhls kann auf den Maßstab des Menschen übertragen werden.

Lösungsvorschläge

1. Annahme: Die abgebildete Frau ist ca. 1,75 m groß. Das entspricht auf dem Foto 3,2 cm. Mithilfe des Dreisatzes kann dann die Größe des Stuhles berechnet werden:

   $3{,}2\text{ cm} \triangleq 175\text{ cm}$
   $10{,}3\text{ cm} \triangleq x$
   $$x = \frac{10{,}3\text{ cm} \cdot 175\text{ cm}}{3{,}2\text{ cm}}$$

   $x \approx 563\text{ cm} = 5{,}63\text{ m}$

   Der Stuhl ist ca. **5,63 m** hoch.

   Ein normaler Stuhl ist mit Lehne ca. 90 cm hoch.

   $0{,}9\text{ m} \triangleq 5{,}63\text{ m}$
   $1\text{ m} \triangleq x$
   $$x = \frac{1\text{ m} \cdot 5{,}63\text{ m}}{0{,}9\text{ m}} \approx 6{,}26\text{ m}$$

   Der Maßstab beträgt ca. **6,25 : 1.**

2. Ein erwachsener Mensch ist ca. doppelt so groß wie ein Stuhl hoch ist, also ca. 1,80 m. Damit wäre der Riese, der auf diesem Stuhl Platz nehmen könnte, ca. 11–12 m groß ($5{,}63\text{ m} \cdot 2 = 11{,}26\text{ m}$).

3. Über die Größe der Frau (3,2 cm auf dem Foto ≙ 1,75 m in Wirklichkeit) können die Maße des Stuhles annähernd herausgefunden werden. Die messbare Seitenlänge der Sitzfläche beträgt 5,4 cm.

3,2 cm ≙ 175 cm
5,4 cm ≙ x

$$x = \frac{5{,}4\text{ cm} \cdot 175\text{ cm}}{3{,}2\text{ cm}} \approx 295{,}31\text{ cm}$$

Der Einfachheit halber rechnet man mit 3 m weiter: Flächeninhalt Sitzfläche: $3\text{ m} \cdot 3\text{ m} = 9\text{ m}^2$

Die Sitzfläche des Stuhles beträgt **9 m²**. Bei der Berechnung der Anzahl der Menschen, die auf der Sitzfläche Platz haben, sind je nach Gewicht der Menschen und Enge des Zusammenstehens unterschiedliche Lösungen möglich. Die Lösungen der Schüler sollten daher begründet werden.

Exemplarisches Beispiel:

Ein normal gebauter erwachsener Mensch benötigt zum Stehen ca. $0{,}4\text{ m} \cdot 0{,}4\text{ m} = 0{,}16\text{ m}^2$ Platz.

$\frac{9\text{ m}^2}{0{,}16\text{ m}^2} = 56{,}25$ ➤ Es passen eng stehend ca. **56** erwachsene Menschen auf den Stuhl.

4. Gewicht des Stuhls:

Die Armlehne kann annähernd als Außenlinie eines Kreissektors gesehen werden. Mithilfe eines Zirkels kann dies auf dem Foto herausgefunden werden, indem man den Mittelpunkt sucht. Beide Armlehnen ergeben also ungefähr einen Halbkreis mit einem Radius von ca. 9 cm.

Berechnung der wahren Länge mithilfe der Größe der Frau auf dem Foto:

3,2 cm ≙ 175 cm
9 cm ≙ x

$$x = \frac{9\text{ cm} \cdot 175\text{ cm}}{3{,}2\text{ cm}} \approx 492\text{ cm} = 4{,}92\text{ m}$$

r = 4,92 m ➤ d = 9,84 m

Länge des Halbkreises (beide Armlehnen mit vorderen Stuhlbeinen):

$$\frac{U}{2} = \frac{\pi \cdot d}{2} = \frac{\pi \cdot 9{,}84\text{ m}}{2} = 15{,}46\text{ m}$$

Hintere Stuhlbeine:

Länge in der Zeichnung messen: 9,7 cm ➤ Länge der beiden hinteren Stuhlbeine zusammen: 19,4 cm

Dreisatz wie oben: $x = 19{,}4\text{ cm} \cdot \frac{175\text{ cm}}{3{,}2\text{ cm}} \approx 1\,061\text{ cm} = 10{,}61\text{ m}$

Profil unter der Sitzfläche:

Länge in der Zeichnung: 6,1 cm, mit Dreisatz ausgerechnet:

$x = 6{,}1\text{ m} \cdot \frac{175\text{ cm}}{3{,}2\text{ cm}} \approx 334\text{ cm} = 3{,}34\text{ m}$, verdoppelt 6,68 m

Gesamt: 15,46 m + 10,61 m + 6,68 m = 32,75 m

Werte der Blechbreite aus Skizze: $50\text{ cm} + 4 \cdot 10\text{ cm} + 2 \cdot 2\text{ cm} = 94\text{ cm}$

Gesamtfläche: $0{,}94\text{ m} \cdot 32{,}75\text{ m} \approx$ **30,78 m²**

Oberfläche Sitzflächen und Lehne:

Hier gehen wir von quaderförmigen Körpern aus. Noch genauer ist die Berechnung, wenn alle Maße des Körpers genau gemessen werden. Da ja aber auch beim Maßnehmen über die Person Ungenauigkeiten entstehen und das Ergebnis nur ungefähr berechnet werden kann, genügt die Berechnung als Quader. Die Maße sind der Zeichnung zu entnehmen:

Tabelle: Die Umrechnung Bild – Wirklichkeit wird wieder über den Dreisatz durchgeführt:

	Rückenlehne (rote Farbe, vgl. Farbfoto S. 83)						Sitzfläche (rote Farbe, vgl. Farbfoto S. 83)					
	A_1		A_2		A_3		A_1		A_2		A_3	
	l	b	l	b	l	b	l	b	l	b	l	b
Zeichnung	0,9 cm	6,3	6,3	5,4	5,4	0,9	5,4	1,5	5,4	1,5	5,4	5,4
Wirklichkeit	0,49 m	3,45 m	3,45 m	2,95 m	2,95 m	0,49 m	2,95 m	0,82 m	2,95 m	0,82 m	2,95 m	2,95 m
Fläche in Wirklichkeit (l · b)	1,69 m²		10,18 m²		1,45 m²		2,42 m²		2,42 m²		8,70 m²	
Rückenlehne $A_1 - A_3$ + Sitzfläche $A1 - A_3$	26,86 m²											
x 2	53,72 m²											

Gesamtgewicht: (30,78 m² + 53,72 m²) · 16 kg/m² = **1352 kg** ➤ Der Stuhl wiegt ca. **1 t.**

Aufgrund seiner Größe ist der Stuhl an Ort und Stelle montiert worden. Das Gewicht kann ein Lastwagen ohne Probleme bewältigen.

Weitere mögliche Fragestellungen

- Welche Maße hätte der passende Tisch zu dem Stuhl?
- Wie groß müsste das Haus des Riesen sein?
- Der Stuhl wird aus massiver Buche geschreinert. Berechne das Gewicht des Stuhles.
- Der Stuhl muss frisch gestrichen werden. Pro Quadratmeter benötig man 150 ml Farbe. Um deckend zu streichen, benötigt man zwei Anstriche. Berechne die benötigte Menge Farbe.

Die Firma Vitra stellt designorientierte Möbel her, die schon oft Preise gewonnen haben. Auf dem Areal der Firma neben dem Vitra Design Museum in Weil am Rhein wurden die übergroßen Werkzeuge eines Polsterers aufgestellt (vgl. Foto). Dieses Kunstwerk nennt sich „Balancing Tools" und ist ein Geschenk zum 70. Geburtstag des Gründers der Vitra, Willi Fehlbaum, von seinen Kindern.

Ein Polsterer hat in erster Linie die Aufgabe, neben Sesseln oder Kissen auch Sitze für Flugzeuge und Autos herzustellen. Bevor die Sitze und Sessel mit Stoffen oder Leder bezogen werden können, müssen sie zunächst gefüllt werden. – Um die verschiedenen Objekte herstellen zu können, muss der Polsterer vorab Schablonen anfertigen, die seiner Arbeit als Grundlage dienen. Verzierungen, Restaurationen sowie die Auswahl der zu verwendenden Werkstoffe fallen ebenfalls in seinen Kompetenzbereich.

Die Werkzeuge werden aus gehärtetem Stahl und Buchenholz hergestellt. Die Dichte von gehärtetem Stahl beträgt 7,85–7,87 g/cm³, die von Buche 680 kg/m³.

Aufgaben

1. Wie groß sind die einzelnen Werkzeuge auf dem Bild? Fertige eine Skizze an und bemaße sie.
2. Schätze und berechne, wie groß ein Riese wäre, dem dieses Werkzeug gehören könnte.
3. Welches Gewicht hätte der Schraubendreher auf dem Foto, wenn er wie ein normalgroßer Schraubendreher aus gehärtetem Stahl und der Griff aus Buchenholz bestehen würde?
4. Wie viele Menschen wären nötig, um den Schraubendreher des Riesen zu tragen?
5. Entwirf einen Riesennagel, den ein Polsterer verwenden würde. Zeichne den Nagel in das Bild.

Didaktische Hinweise

Notwendige Vorkenntnisse der Schüler:

- Schätzen
- Dreisatz
- Rechnen mit Maßstäben
- Rechnen mit Größen (Masse, Dichte, Längen)
- mathematisch argumentieren

Gestaltungsgedanke

Da das Berufsbild des Polsterers nicht mehr oft anzutreffen ist, sollte es vorher kurz vorgestellt werden. Unter http://de.wikipedia.org/wiki/Polstern finden Sie eine kurze Berufsbeschreibung. Das Polsterer-Werkzeug ist etwas kleiner als herkömmliche Zangen, Hammer und Schraubendreher. Um das zu verdeutlichen, können die Werkzeuge mitgebracht werden. Die Nägel, die man braucht, um das Leder der Sitzmöbel am Gestell zu befestigen, sind relativ klein. Es kann davon ausgegangen werden, dass ein Nagel ca. 12–17 mm lang ist und einen relativ großen Kopfdurchmesser von 8–12 mm hat, um nicht durch das Leder zu rutschen.
Da es unterschiedliche Nägel gibt, werden die Schülerergebnisse voneinander abweichen.

Mögliche Differenzierung

Den Einstieg in die Aufgabe über die Größe des Menschen auf dem Bild sollten die Schüler aus ähnlichen Aufgaben kennen. Ist dies nicht der Fall, kann hier der Tipp gegeben werden, dass ein erwachsener Mensch im Schnitt ca. 1,80 m groß ist.
Die Masse des Werkzeuges kann über das Volumen und die Dichte der Materialien errechnet werden. Die Dichte von gehärtetem Stahl beträgt 7,85–7,87 g/cm³, die von Buche 680 kg/m³. Diese Werte können entweder vorgegeben werden oder die Schüler ermitteln sie selbstständig aus vorbereiteten Tabellen oder aus dem Internet.
Auch die Nagellänge kann angegeben oder recherchiert werden (www.polstereibedarf-online.de). Hier finden Sie das Werkzeug und auch unterschiedliche Nägel.
Als weitere Differenzierungsmöglichkeit bietet es sich an, auch für die beiden anderen Werkzeuge das Gewicht berechnen zu lassen.

Lösungsvorschläge

1. Berechnung der ungefähren Werte über Dreisatz:

   Annahme: Der Mensch auf dem Bild ist ca. 1,80 m groß.

   Abmessung: Der Mensch auf der Zeichnung ist 2,3 cm groß.

   Die Zange auf dem Foto ist 9,1 cm lang.

   $2{,}3\text{ cm} \mathrel{\hat{=}} 180\text{ cm}$
   $9{,}1\text{ cm} \mathrel{\hat{=}} x$

   $$x = \frac{9{,}1\text{ cm} \cdot 180\text{ cm}}{2{,}3\text{ cm}}$$

   $x \approx$ **710 cm**

Die anderen gemessenen Werte werden ebenfalls mithilfe des Dreisatzes berechnet:

	Hammer	Zange	Schraubendreher						
			Gesamt	Griff			Stahl		
	Länge	Länge	Länge	Länge	Breite	Höhe	Länge	Breite	Höhe
Zeichnung	9,8 cm	9,1 cm	8 cm	3,2 cm	0,8 cm	0,8 cm	7 cm	0,3 cm	0,3 cm
Wirklichkeit	7,7 m	7,1 m	6,3 m	2,50 m	0,6 m	0,6 m	5,48 m	0,23 m	0,23 m

Einige Werte aus der obigen Tabelle müssen mithilfe der Verhältnisse auf der Zeichnung geschätzt werden.

2. Damit eine Zange gut in die Hand eines Erwachsenen passt, sind Werte zwischen 15 cm und 22 cm Länge möglich (Schätzwert). Die folgende Rechnung bezieht sich auf den Wert 19 cm Länge für eine Zange und 1,80 m Größe bei einem Menschen:

   Berechnung über Dreisatz:

   $$19\text{ cm} \mathrel{\hat{=}} 710\text{ cm}$$
   $$180\text{ cm} \mathrel{\hat{=}} x \qquad x = \frac{180\text{ cm} \cdot 710\text{ cm}}{19\text{ cm}}$$

   $x =$ **6726 cm** $=$ **67,26 m**

   Der Riese hätte eine ungefähre Größe von **67 m**.

3. Volumen Schraubendrehergriff: $V = 2{,}5\text{ m} \cdot 0{,}6\text{ m} \cdot 0{,}6\text{ m} = 0{,}9\text{ m}^3$ (Werte aus Aufgabe 1)

   Abzüglich Volumen des Stahls, das im Holzgriff versenkt ist (Der Stahl des Schraubendrehers muss mindestens bis zu zwei Drittel der Grifflänge im Griff versenkt werden, um darin Halt zu haben.):

   2/3 der Grifflänge: $2{,}50\text{ m} \cdot 2/3 = 1{,}67\text{ m} \approx 1{,}70\text{ m}$

   $V_{\text{Stahl im Holzgriff}} = 1{,}70\text{ m} \cdot 0{,}23\text{ m} \cdot 0{,}23\text{ m} \approx 0{,}09\text{ m}^3 \approx 0{,}1\text{ m}^3$

   Volumen Holzgriff: $V_{\text{Holz}} = 0{,}9\text{ m}^3 - 0{,}1\text{ m}^3 = 0{,}8\text{ m}^3$

   Masse: $680\text{ kg/m}^3 \cdot 0{,}8\text{ m}^3 = 544\text{ kg}$

   Gesamtlänge Stahl: $3{,}8\text{ m} + 1{,}7\text{ m} = 5{,}5\text{ m}$

   $\text{Volumen}_{\text{Schraubendreher Stahl}} = 5{,}5\text{ m} \cdot 0{,}23\text{ m} \cdot 0{,}23\text{ m} \approx 0{,}29\text{ m}^3$

   Masse: $7{,}86\text{ g/cm}^3 = 7860\text{ kg/m}^3$ ➤ $0{,}29\text{ m}^3 \cdot 7860\text{ kg/m}^3 = 2279{,}4\text{ kg} \approx 2279\text{ kg}$

   Gesamtmasse: $544\text{ kg} + 2279\text{ kg} = 2823\text{ kg} =$ **2,823 t**

4. Individuelle Lösungen möglich; sie müssen begründet werden.

   Ein erwachsener Mann kann ca. 50 kg tragen, ohne sich zu überheben.

   $2823\text{ kg} : 50\text{ kg} = 56{,}46$

   Es sind ca. **57** erwachsene Männer nötig, um den Schraubendreher versetzen zu können.

5. Individuelle Lösungen möglich. Polsternägel können auf der genannten Webseite ausgesucht werden. In der Regel sind diese ca. 10–15 mm lang. Ziernägel haben einen größeren Kopf als die nicht sichtbaren Nägel (z. B. unter der Sitzfläche).

Der auf dem Foto zu sehende Nagel ist 13 mm lang und hat einen Kopfdurchmesser von 9 mm.

Ausgehend von den Abmessungen der Zange kann nun die Länge eines Riesennagels mithilfe des Dreisatzes berechnet werden:

$$19\text{ cm} \triangleq 710\text{ cm}$$
$$1{,}3\text{ cm} \triangleq x \qquad x = \frac{1{,}3\text{ cm} \cdot 710\text{ cm}}{19\text{ cm}}$$

$x \approx 48{,}58\text{ cm} = 0{,}4858\text{ m}$

Der Riesennagel ist etwa **49 cm** lang.

Berechnung der Länge des Nagels in der Zeichnung:

$$180\text{ cm} \triangleq 2{,}3\text{ cm}$$
$$49\text{ cm} \triangleq x \qquad x = \frac{49\text{ cm} \cdot 2{,}3\text{ cm}}{180\text{ cm}}$$

$x \approx 0{,}63\text{ cm}$

In der Zeichnung hat der Nagel eine Länge von **0,63 cm**.

Berechnung des Durchmessers des Zierkopfes auf demselben Weg:

Zierkopf in Riesengröße: 0,34 m

Zierkopf Zeichnung: 0,43 cm

Weitere mögliche Fragestellungen

- Entwirf einen gepolsterten Stuhl für den Riesen. Wie viel Leder müsstest du kaufen, wenn nur die Sitzfläche bespannt wird?
- Berechne auch das Gewicht für den Hammer und die Zange.
- Berechne das Gewicht für 1 000 Nägel.

Frankreich

Schweiz[1]

Deutschland

Herr Lorenz wohnt im Dreiländereck Deutschland–Schweiz–Frankreich auf der deutschen Seite. Die Benzinpreise sind in den drei Ländern sehr unterschiedlich: Auf den Fotos oben siehst du die Preise, die am 12.04.2009 an den drei Tankstellen mit der kürzesten Entfernung zum Wohnort von Herrn Lorenz angeschlagen sind. Die Entfernungen zu den Tankstellen betragen:

Nächste Tankstelle in Frankreich: 5,8 km
Nächste Tankstelle in der Schweiz: 15,8 km
Nächste Tankstelle in Deutschland: 1,7 km

Der Wagen von Herrn Lorenz benötigt ca. 8,5 Liter Super Bleifrei 95 auf 100 km. In den Tank passen 60 Liter. Um nicht mit leerem Tank stehen zu bleiben, achtet Herr Lorenz darauf, dass er spätestens dann tankt, wenn das Tanksignal im Cockpit aufleuchtet. Zu diesem Zeitpunkt befindet sich noch ein Zehntel der Tankfüllung im Tank.

Aufgaben

1. Berechne die Fahrtkosten zu den drei Tankstellen und vergleiche.
2. Berechne die Benzinkosten, wenn Herr Lorenz kurz nach dem Aufleuchten des Signals tankt und von zu Hause losfährt. Wo würdest du tanken gehen? Begründe.
3. Erstelle ein Liter-Euro-Liniendiagramm, in dem alle drei Tankstellen dargestellt werden. Die Anfahrtskosten sollen enthalten sein.
4. Ab welcher Menge lohnt sich das Tanken in der Schweiz?
5. Herr Lorenz ist beruflich in der Schweiz unterwegs, es fallen also keine Anfahrtskosten an. Er hat 40 Euro dabei und möchte die Gelegenheit nutzen und günstig tanken. Berechne, wie viel Liter er im Vergleich zu Deutschland mehr bekommt.

[1] Die Preise sind im oberen Teil des Fotos in Schweizer Franken, im unteren Teil in Euro angegeben.

Didaktische Hinweise

Notwendige Vorkenntnisse der Schüler:

- Dreisatz
- Rechnen mit Größen (Geld, Liter, Längen)
- Diagramme erstellen
- mathematisch argumentieren und begründen

Gestaltungsgedanke

Das Dreiländereck im Südwesten Deutschlands bietet viele Möglichkeiten. Als Hinführung zum Thema bietet sich das Recherchieren im Internet an. Lörrach, Weil am Rhein, Basel und das nahe Frankreich pflegen einen regen Austausch: Schweizer gehen in Deutschland essen, Deutsche kaufen in Frankreich Fisch und tanken in der Schweiz und die Franzosen besuchen deutsche Baumärkte und deutsche Erlebnisschwimmbäder.
Aufgaben ähnlich dieser Dreiländer-Fragestellung lassen sich auf weitere Themengebiete übertragen.

Mögliche Differenzierung

Diese Aufgabe lässt sich beliebig erweitern und verändern. Autos mit unterschiedlicher Tankgröße, höherem oder niedrigerem Benzinverbrauch, andere Entfernungen und veränderte Benzinpreise geben die Möglichkeit, die Aufgabe weiter zu öffnen und zu differenzieren.

Als Einstiegsdifferenzierung bieten sich Hilfestellungen in Form von Tippkärtchen an den Gelenkstellen der Aufgabe an:

- Aufgabe 1: Berechne zuerst die Fahrtkosten zu den einzelnen Tankstellen. Ausgangswert ist der Verbrauch von 8,5 Litern pro 100 Kilometer.
- Aufgabe 2: Überlege und berechne, wie viel Benzin noch im Tank ist, wenn das Signal „Tanken" im Cockpit erscheint.
- Aufgabe 4: Berechne die Kosten für das Benzin an jeder Tankstelle, wenn vollgetankt werden muss.

Die Hilfestellungen sollten in der Leistungskontrolle berücksichtigt werden.

Lösungsvorschläge

1. Es muss jeweils die Hin- und Rückfahrt zur Tankstelle berücksichtigt werden: Die Ergebnisse werden auf Centbeträge gerundet.

   Frankreich:
   $100\ \text{km} \triangleq 8{,}5\ \text{l}$
   $11{,}6\ \text{km} \triangleq x$ $\qquad x = \frac{11{,}6\ \text{km} \cdot 8{,}5\ \text{l}}{100\ \text{km}}$

   $x = 0{,}986\ \text{l}$ ➤ Kosten Anfahrt: $0{,}986\ \text{l} \cdot 1{,}210\ € \approx$ **1,19 €**

   Schweiz (Rechenweg wie oben):
   $x = 2{,}686\ \text{l}$ ➤ Kosten Anfahrt: $2{,}686\ \text{l} \cdot 0{,}963\ € \approx$ **2,59 €**

   Deutschland (Rechenweg wie oben):
   $x = 0{,}289\ \text{l}$ ➤ Kosten Anfahrt: $0{,}289\ \text{l} \cdot 1{,}269\ € \approx$ **0,37 €**

Vergleich Anfahrtskosten:

Deutschland – Frankreich: 0,82 €

Deutschland – Schweiz: 2,22 €

Frankreich – Schweiz: 1,40 €

Hinweis: Hier wird bei der Fahrt innerhalb von Deutschland mit deutschen, bei der Fahrt in die Schweiz mit Schweizer und bei der Fahrt nach Frankreich mit französischen Benzinpreisen gerechnet. Es wird also mit dem Preis für das Benzin gerechnet, das für die Fahrt von zu Hause zur Tankstelle nachgetankt wird, und nicht mit dem Preis für das Benzin, das sich vorher schon im Tank befand. – Je nach Interpretation der Schüler sind auch abweichende Lösungen möglich.

2. Berechnung der Kosten beim Volltanken:

Wenn das Signal „Tanken" leuchtet, befindet sich noch ein Zehntel der Tankfüllung im Tank. Das sind 6 Liter. Somit können 54 Liter getankt werden. (60 l – 6 l = 54 l)

Volltanken Schweiz inkl. Anfahrtskosten:

54 l · 0,963 € = 52,00 € ➤ 52,00 + 2,59 € = **54,59 €**

Volltanken Frankreich inkl. Anfahrtskosten:

54 l · 1,21 € = 65,34 € ➤ 65,34 + 1,19 € = **66,53 €**

Volltanken Deutschland inkl. Anfahrtskosten:

54 l · 1,269 € = 68,53 € ➤ 68,53 + 0,37 € = **68,90 €**

Ich würde in der Schweiz tanken, dabei spart man trotz der weiteren Anfahrt gegenüber dem Tanken in Deutschland: 68,90 € – 54,59 € = **14,31 €**

Da das Tanken in der Schweiz aber mit einem höheren Zeitaufwand verknüpft ist, sind auch andere Begründungen möglich.

3.

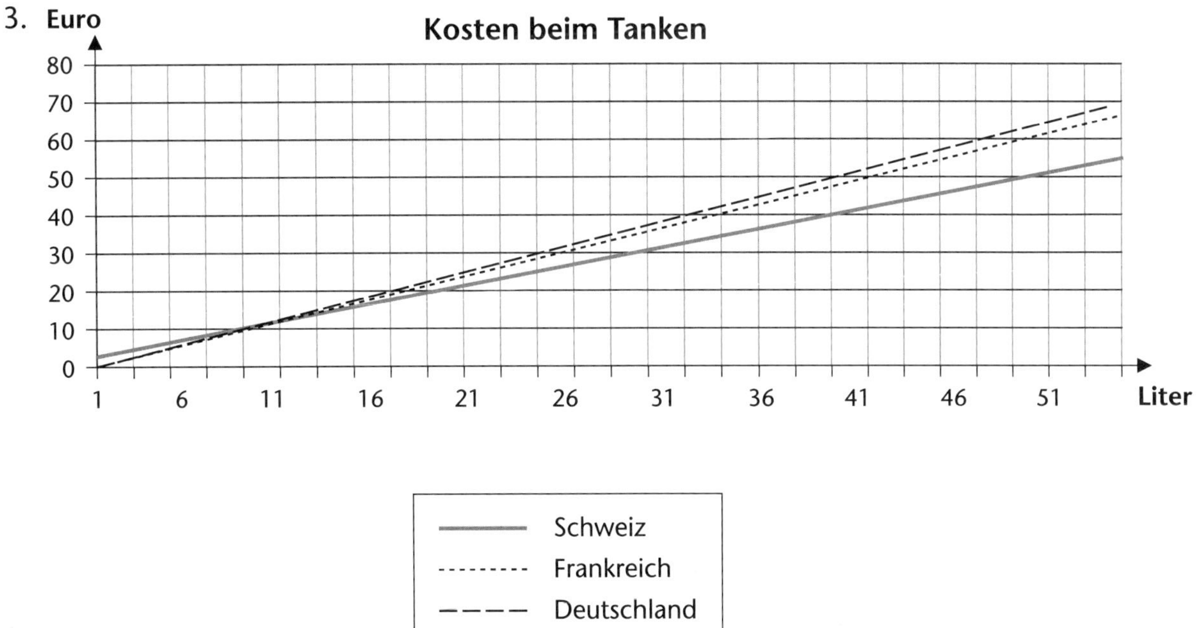

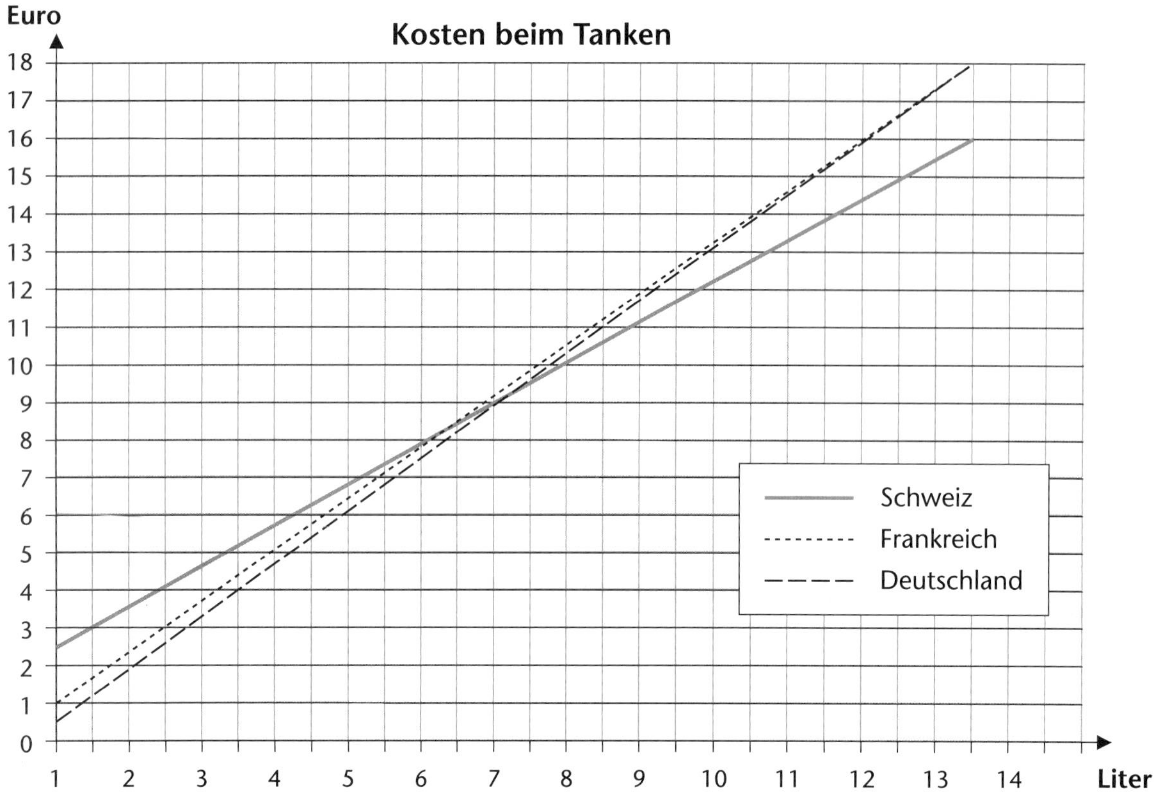

4. Berechnung der Kostendifferenz Anfahrt Deutschland und Schweiz:
   2,59 € – 0,37 € = 2,22 €

   Berechnung Preisunterschied Benzin Deutschland und Schweiz pro Liter:
   1,269 € – 0,963 € = 0,306 €

   Berechnung:
   2,22 € : 0,306 € ≈ 7,25

   Ab **7,25 Litern** lohnt sich die Fahrt in die Schweiz, da mit dieser Literanzahl die Mehrkosten für die Anfahrt wieder ausgeglichen werden.

5. Für 40 € kann man folgende Anzahl an Litern tanken:

   Schweiz: 40 € : 0,963 €/l = 41,54 l
   Deutschland: 40 € : 1,269 €/l = 31,52 l
   Differenz: 10,02 l

   Herr Lorenz bekommt in der Schweiz **10,02 Liter** mehr als in Deutschland.

Weitere mögliche Fragestellungen

- Der Tank ist halb voll. Am nächsten Tag hat Herr Lorenz eine lange Geschäftsreise geplant. Wo soll er tanken? Begründe.
- Lohnt sich der Weg zum Tanken in die Schweiz für dich? Berechne, wie groß dein Tank sein müsste, damit sich diese Fahrt lohnen würde.
- Gibt es in deiner Nähe Möglichkeiten, günstig zu tanken? Lohnt sich die Fahrt dorthin? Wie viel kann deine Familie sparen?
- Berechne, wie viel Herr Lorenz im Jahr spart, wenn er im Schnitt monatlich 1 000 km fährt und immer in der Schweiz tankt.

Zu Beginn der Arbeiten

Das Verlegen

Die beiden fertigen Stellplätze

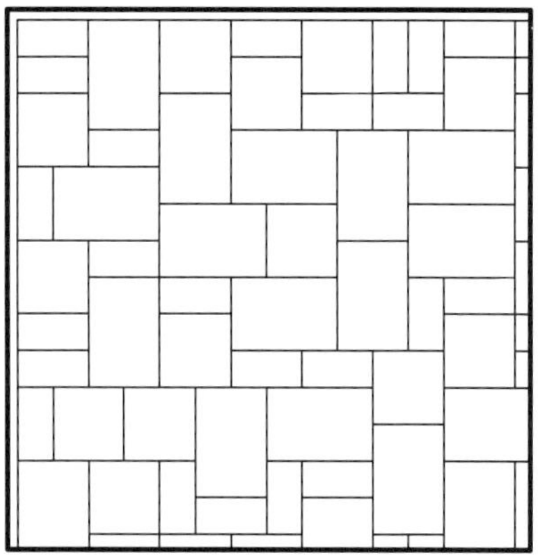
Das Verlegemuster

Die Bilder zeigen, wie zwei Autostellplätze entstehen. Zuerst wird das Gelände grob begradigt und mit Splitt aufgefüllt. Bevor das Pflaster verlegt wird, muss der Splitt gerade abgezogen werden, damit die Fläche später eben ist. Beim eigentlichen Verlegen der Pflastersteine helfen Markierungen im Boden, damit die Steine in der Flucht (so wird diese Markierung genannt) verlegt werden. Anschließend werden die Pflastersteine mit der sogenannten Rüttelplatte fest in den Splitt gedrückt. Bei diesem Pflaster wurde ein sehr kompliziertes Muster aus drei verschieden großen Pflastersteinen verlegt. Dabei muss der Verlegeplan genau beachtet werden.

Alle Steine sind 80 mm hoch. Der größte Stein ist 210 mm lang und 140 mm breit. 1 m² des Pflasters kostet 34 €. Die zu verpflasternde Fläche hat insgesamt eine Größe von 60 m². Dazu gehören die beiden Autostellplätze, der Bereich um die Eingangstür sowie eine rechteckige Fläche mit der Länge 3,50 m und der Breite 2,70 m. Hier soll ein Gartenhäuschen aufgestellt werden.

Aufgaben

1. Berechne die Maße des mittleren und des kleinen Steines. Beachte die Abbildungen.
2. Markiere auf dem Foto „Die beiden fertigen Stellplätze" und auf dem Verlegemuster denselben Teil des Musters. Erkennst du Beginn und Ende des Musters?
3. Wie ist das Verhältnis der benötigten Anzahl von Steinen in den verschiedenen Größen? Von welcher Größe werden am meisten Steine benötigt, von welcher am wenigsten? Begründe dein Ergebnis.
4. Berechne die Kosten für die benötigten Pflastersteine.
5. Berechne das Gewicht der drei verschiedenen Steingrößen und das Gesamtgewicht der verlegten Pflastersteine. Die Dichte der Steine beträgt 2,3 g/cm³.

Didaktische Hinweise

Notwendige Vorkenntnisse der Schüler:

- hohe Lesefertigkeit
- Rechnen mit den Maßen Geld, Masse, Längeneinheiten und Flächeneinheiten
- Volumenberechnung am Quader
- Rechnen mit Dichte
- mathematisch argumentieren und begründen

Gestaltungsgedanke

Die Bilder zeigen bewusst nicht immer den gleichen Pflasterabschnitt, um die räumliche Vorstellung der Schüler zu fördern. Der Schachtdeckel bietet jedoch eine gute Orientierungshilfe.

Mögliche Differenzierung

Die Aufgabe kann vom Textumfang her entlastet werden, indem alle nicht benötigten Angaben weggelassen werden. Erschwert werden kann die gesamte Aufgabe, wenn benötigte Angaben, wie etwa die Maße des Steins oder die Gesamtfläche, weggelassen werden und von den Schülern geschätzt werden müssen. Bei Aufgabe 1 kann im Vorfeld besprochen werden, wie sich die Größenverhältnisse zwischen den einzelnen Steinen darstellen. Dies vereinfacht die Aufgabe. Bei Aufgabe 3 können Hinweise zur Lösung gegeben werden. Möglich wäre, eine passende Fläche zu markieren und die Anzahl der einzelnen Steine abzählen zu lassen. Aufgabe 4 kann durch Hinzufügen der Mehrwertsteuer oder durch weitere Angaben zu den Materialkosten wie Splitt, Randsteine, Abflussrinnen etc. erweitert werden. Bei Aufgabe 5 kann ein gemeinsames Beispiel helfen, korrekt mit der Dichte umzugehen. Das Gesamtgewicht der verwendeten Steine ist recht schwierig zu berechnen. Eine mögliche Lösung besteht darin, das Gewicht eines Quadratmeters auszurechnen und dann das Gesamtgewicht zu berechnen. Deutlich schwieriger wird es, wenn man über die Steinanzahl und das Gewicht der Steine die Lösung ermittelt. Hier können Tipps ebenfalls zur Vereinfachung der Aufgabe beitragen.

Lösungsvorschläge

1. Der mittlere Stein ist quadratisch und genauso lang, wie der große Stein breit ist. Er ist 140 mm lang und 140 mm breit.

   Der kleine Stein ist genauso lang wie der mittlere Stein, aber nur halb so breit. Seine Maße betragen: 140 mm Länge und 70 mm Breite.

2. Individuelle Lösungen, zum Beispiel:

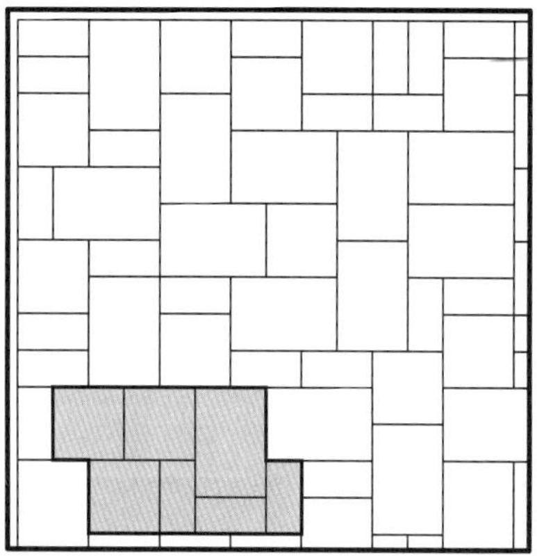

3. Beim Abzählen eines Mustersatzes wird Folgendes deutlich: Von den kleinen Steinen werden etwa doppelt so viele benötigt wie von den mittleren und großen Steinen. Diese werden etwa gleich häufig verwendet.

4. $60\ \text{m}^2 \cdot 34\ \text{€}/\text{m}^2 = 2040\ \text{€}$ ➤ Die Kosten für das Pflaster betragen also **2040 €.**

5. Zuerst muss das Volumen der einzelnen Steine ermittelt werden und dann mit der Dichte multipliziert werden. In niedrigeren Klassenstufen kann bei der Ermittlung des Gewichts auf die korrekte Maßeinheit verzichtet werden.

   Großer Stein:

   $V = 8\ \text{cm} \cdot 14\ \text{cm} \cdot 21\ \text{cm} = 2352\ \text{cm}^3$ $\quad$ $2352\ \text{cm}^3 \cdot 2{,}3\ \text{g/cm}^3 = 5409{,}6\ \text{g} \approx \mathbf{5410\ g}$

   Der große Stein wiegt also **5410 g.**

   Mittlerer Stein:

   $V = 8\ \text{cm} \cdot 14\ \text{cm} \cdot 14\ \text{cm} = 1568\ \text{cm}^3$ $\quad$ $1568\ \text{cm}^3 \cdot 2{,}3\ \text{g/cm}^3 = 3606{,}4\ \text{g} \approx \mathbf{3606\ g}$

   Der mittlere Stein wiegt also **3606 g.**

   Kleiner Stein:

   $V = 8\ \text{cm} \cdot 14\ \text{cm} \cdot 7\ \text{cm} = 784\ \text{cm}^3$ $\quad$ $784\ \text{cm}^3 \cdot 2{,}3\ \text{g/cm}^3 = 1803{,}2\ \text{g} \approx \mathbf{1803\ g}$

   Der kleine Stein wiegt also **1803 g.**

Um das Gesamtgewicht zu ermitteln, ist es am einfachsten, wenn man das Gewicht eines Quadratmeters berechnet:

$V = 8\text{ cm} \cdot 100\text{ cm} \cdot 100\text{ cm} = 80\,000\text{ cm}^3$ $\quad 80\,000 \cdot 2{,}3\text{ g/cm}^3 = 184\,000\text{ g} = \mathbf{184\text{ kg}}$

60 m^2 wiegen $184\text{ kg/m}^2 \cdot 60\text{ m}^2 = 11\,040\text{ kg} = 11{,}040\text{ t}$.

Das gesamte Pflaster wiegt also etwa **11 t**.

Weitere mögliche Fragestellungen

- Entwirf ein einfacheres Verlegemuster, bei dem die einzelnen Steine gleich oft benötigt werden.
- Welche Maße könnte das Gartenhäuschen haben? Wie groß ist dann die überbaute Fläche? Beachte dabei auch den Dachvorsprung des Häuschens.
- Berechne den Materialbedarf und die Materialkosten, wenn euer Schulhof neu gepflastert werden soll. Vergleicht mit anderen Pflasterpreisen.

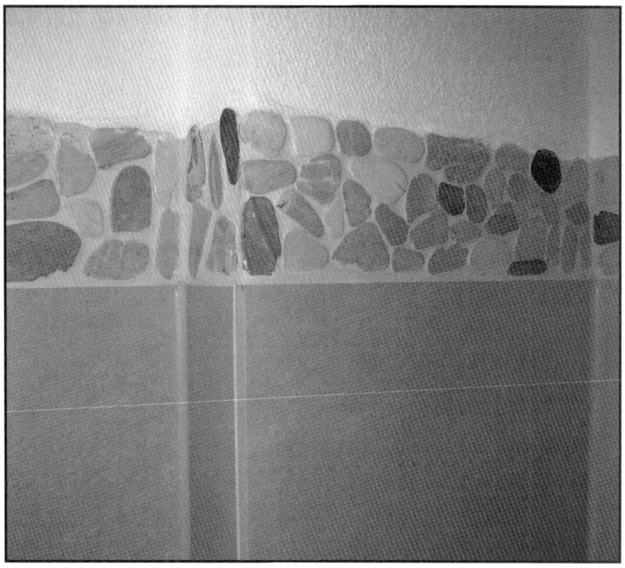

Beim Fliesenlegen muss im Vorfeld vieles bedacht werden, damit möglichst wenig Fugen entstehen (so werden die Verbindungen zwischen den Fliesen genannt) und möglichst viele Fugen auf Ecken oder Kanten des Raums fallen. Außerdem muss darauf geachtet werden, dass wenig Fliesen zerschnitten werden. Zuletzt sollte das Ergebnis natürlich schön aussehen. Dazu gibt es viele verschiedene Möglichkeiten, die Fliesen zu verlegen. Die rechts zu sehenden Bodenfliesen sind zum Beispiel im Verband verlegt, d.h. versetzt. Dadurch entsteht ein besonderes Muster. An den Wänden wurden dieselben Fliesen verlegt, allerdings nicht im Verband (vgl. Foto oben links). Abgeschlossen werden die Fliesen an der Wand mit einer Bordüre aus Kieselsteinen. Diese ist 10 cm hoch.

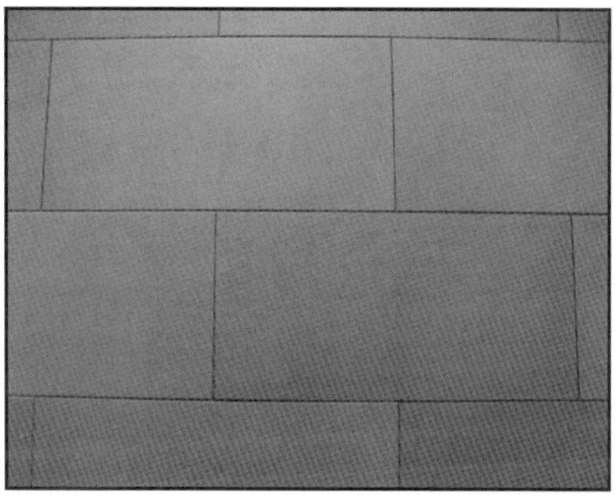

Verlegemuster für den Boden

Eine Fliese ist 30 cm breit und 60 cm lang.

Das zu fliesende Gäste-WC hat die folgenden Maße: Länge 2,16 m und Breite 1,20 m. Beachte dabei, dass der Raum eine Tür hat, die 0,85 m breit ist.

1 m² der Fliesen kostet 26,50 € (zuzüglich Mehrwertsteuer)

1 Stück Bordüre der Länge 30 cm kostet 12,40 € (zuzüglich Mehrwertsteuer)

Aufgaben

1. Wie lang muss die Zierkante aus Kieselsteinen sein, wenn sie um den ganzen Raum herum verläuft?
2. Wie viele Quadratmeter Fliesen werden benötigt, um den Boden des Gäste-WCs zu verfliesen? Wie viele Fliesen sind das?
3. Wie viele Quadratmeter werden im gesamten Gäste-WC verfliest, wenn die Wände inklusive Bordüre 1,10 m hoch verfliest werden?
4. Berechne die Materialkosten für die Fliesen in diesem Raum.
5. Wie viele Kieselsteine sind wohl im ganzen Raum zu sehen? Schätze und erkläre dein Vorgehen.

Didaktische Hinweise

Notwendige Vorkenntnisse der Schüler:

- Grundkenntnisse zum Umfang und Flächeninhalt von Rechtecken
- Rechnen mit verschiedenen Größen (Geld, Längenmaße, Flächenmaße)
- Dreisatz oder Rechnen mit der Formel zum Prozentrechnen
- Schätzen (Anzahl der Kieselsteine)
- Begründen

Gestaltungsgedanke

Die beiden oberen Fotos zeigen dieselbe Ecke, einmal während der Arbeit und einmal in fertigem Zustand. Das im linken Bild über der Fliese, die gerade befestigt wird, zu sehende Bordürestück ist 32 cm lang. Darauf sind 36 Kieselsteine zu sehen.

Mögliche Differenzierung

Um die Aufgabe einfacher zu gestalten, kann der Endpreis des Materials inklusive Mehrwertsteuer vorgegeben werden. Zudem kann eine Skizze für die Boden- und Seitenfläche angefertigt werden. Erschwert werden kann die Aufgabe durch Weglassen der Größenangaben für die Fliesen und die Bordüre. Der tatsächlichen Fliesengröße und Breite der Bordüre kann man sich dann über Vergleichsgrößen (beispielsweise über die Länge des Unterarms des Handwerkers oder über die Fugenbreite) nähern.

Lösungsvorschläge

1. $2 \cdot 2{,}16\ \text{m} + 2 \cdot 1{,}20\ \text{m} - 0{,}85\ \text{m} = 5{,}87\ \text{m}$

   Die Zierkante hat eine Länge von **5,87 m**.

2. Bodenfläche: $2{,}16\ \text{m} \cdot 1{,}20\ \text{m} \approx \mathbf{2{,}6\ m^2}$

   Es werden also **2,6 m² Fliesen** für den Boden benötigt.

   Fläche einer Fliese: $0{,}3\ \text{m} \cdot 0{,}6\ \text{m} = \mathbf{0{,}18\ m^2}$

   Berechnung der Anzahl der Fliesen: $2{,}6\ \text{m}^2 : 0{,}18\ \text{m}^2 \approx 14{,}4$

   Es werden **15 Fliesen** benötigt.

   Eine andere Herangehensweise ist folgende: Die Maße des Raumes und die Maße der Fliesen passen so zusammen, dass pro Reihe zwei Fliesen verlegt werden müssen (eine Reihe besteht aus zwei kompletten Fliesen, die andere Reihe besteht aus zwei halben und einer ganzen Fliese). Zu berechnen bleibt also, wie viele solche Reihen verfliest werden müssen.

   $2{,}16\ \text{m} : 0{,}3\ \text{m} = 7{,}2$

Es müssen also 7 ganze Reihen verfliest werden. Der Rest kann aus einer Fliese zurechtgeschnitten werden

$7 \cdot 2 = 14$ ➤ Es werden also **15 Fliesen** benötigt.

3. Es soll 1,10 m hoch gefliest werden:

   Wandfläche: 5,87 m (Umfang des Raumes) · 1,10 m ≈ **6,46 m²**

   $6{,}46\ m^2 + 2{,}60\ m^2$ (Bodenfläche, Wert aus Aufgabe 2) $= 9{,}06\ m^2$

   Insgesamt werden **9,06 m²** verfliest.

4. Material für die Bordüre: Um die Anzahl der benötigten Bordürestücke zu berechnen, dividiert man den Umfang des Raumes durch die Länge eines Bordürestückes: 5,87 m : 0,30 m ≈ **19,6**

   Es werden also **20** Bordürestücke benötigt.

   Kosten für 20 Stück Bordüre:

   $20 \cdot 12{,}40\ € = 248\ €$

   Das Material für die Bordüre kostet **248 €** (zuzüglich Mehrwertsteuer).

   Material für die Fliesen:

   Gesamtfläche = Wandfläche (ohne Bordüre) + Bodenfläche =

   $1\ m \cdot 5{,}87\ m + 2{,}60\ m^2 = 8{,}47\ m^2$

   Insgesamt werden etwa **9 m²** Fliesen benötigt (einschließlich Verschnitt).

   Kosten für 9 m² Fliesen:

   $9\ m^2 \cdot 26{,}50\ €/m^2 = \mathbf{238{,}50\ €}$

   Das Material für die Fliesen kostet **238,50 €** (zuzüglich Mehrwertsteuer).
   Gesamtkosten (zuzüglich Mehrwertsteuer): 248,00 € + 238,50 € = **486,50 €**

   Kosten inklusive Mehrwertsteuer (aktuell 19 %):

   100 % ≙ 486,50 €
   1 % ≙ 4,865 €

   119 % ≙ 578,935 € ➤ Der Gesamtpreis inklusive Mehrwertsteuer beträgt **578,94 €.**

   Alternativ: Berechnung des Prozentwertes mithilfe der Formel:

   $$P = \frac{G \cdot p}{100} = 486{,}50\ € \cdot \frac{19}{100} = 92{,}44\ €$$

   ➤ Gesamtpreis: 486,50 € · 1,19 = **578,94 €**

5. Rechnerische Lösung:

   Durch das Betrachten der ganz zu sehenden Bordüreteile kann man erkennen, dass meist 3 bis 4 Steine auf einer Höhe von 10 cm verlegt sind.

   Auf eine Fläche von 100 cm² kommen also zwischen 9 und 16 Kieselsteine. Durchschnittlich kann man 12 Kieselsteine annehmen.

Fläche der Bordüre: 5,86 m (Raumumfang) · 0,10 m = 0,586 m^2 = **5860 cm^2**

Anzahl der Kieselsteine auf dieser Fläche: Die Fläche besteht aus 58,60 Quadraten der Größe 100 cm^2.

58,60 · 12 Kieselsteine = 703,2 Kieselsteine

Es sind also etwa **700 Kieselsteine** im ganzen Raum zu sehen. (Vielfältige andere Lösungswege sind möglich.)

Weitere mögliche Fragestellungen

- Entwirf weitere Verlegungsmuster, die für diesen Raum geeignet wären.
- Vergleiche die angegebenen Preise mit Preisen aus einem geeigneten Werbeprospekt.
- Berechne die Kosten, um dein WC oder Bad zu Hause mit denselben Fliesen zu verfliesen.

Auf einer Geburtstagsfeier wurden Gasluftballons an die Kinder verteilt. Der mutige neunjährige Felix stellte der Geburtstagsgesellschaft die Frage, ob er mithilfe vieler gasgefüllter Ballons in die Luft gehen könnte.

Ist so der Kindheitstraum vom Fliegen möglich?

Ein Experiment brachte folgendes Ergebnis:

Der gasgefüllte Luftballon schafft es gerade, eine 2-Cent-Münze zum Schweben zu bringen. Felix wiegt 27 kg.

In dem sicheren Gefühl, trotzdem mit genügend Ballons in die Luft gehen zu können, stellt Felix seinen Wunsch-Flugplan auf:

Nach dem Abheben bläst der Wind so stark, dass er nach einer Stunde Flug 4 km vom Startplatz entfernt landen würde. Nach 20 Minuten hat er die Höhe von 800 m erreicht. Da er rechtzeitig zu Kuchen und Kakao wieder zurück sein möchte, lässt er nach weiteren 20 Minuten einen Teil seiner Luftballons los. Jetzt schwebt er mit einer Geschwindigkeit von 3 km/h zur Erde zurück.

Aufgaben

1. Wie viele Luftballons benötigt Felix, bis er schwebt?
2. Wie viele gasgefüllte Luftballons würdest du zum Schweben benötigen?
3. Felix fliegt mit den angegebenen Geschwindigkeiten. Wie weit vom Startpunkt entfernt landet er? Löse zeichnerisch und rechnerisch.
4. Felix bekommt beim Starten Angst und lässt nach 4 m Aufstieg die gasgefüllten Luftballons los. Berechne, wie lange er geflogen ist und wie weit vom Startpunkt entfernt er landet.
5. Überlege, ob das Experiment wirklich funktionieren könnte. Begründe.
6. Stelle dir einen eigenen Flugplan auf. Beschreibe und erkläre.

Didaktische Hinweise

Notwendige Vorkenntnisse der Schüler:

- Dreisatz
- Rechnen mit Geschwindigkeiten
- Rechnen mit Gewichten
- Rechnen mit Zeit
- zeichnerische Lösungsmöglichkeiten kennen

Gestaltungsgedanke

Eine 2-Cent-Münze wiegt 3,06 g. Dieser Wert kann angegeben werden. Es ist aber auch möglich, ihn von den Schülern herausfinden zu lassen.

Die gestellte Aufgabe ist sicher nicht realistisch, sie bietet aber die Möglichkeit, sich in einen Kindheitstraum hineinzuversetzen und über die Möglichkeit des Fliegens zu fantasieren. Besonders interessant ist es, wenn ein gasgefüllter Luftballon mitgebracht wird, um damit im Experiment festzustellen, welches Gewicht durch ihn zum Schweben gebracht wird.
Sollten Sie dieses Experiment durchführen, ist es möglich, dass Ihr Luftballon, je nachdem, wie viel Gas enthalten ist, mehr oder weniger als die angegebenen 2 Cent zum Schweben bringt. Die Lösung der Aufgabe muss dann an das Ergebnis des Experiments angepasst werden.

Mögliche Differenzierung

Als Differenzierung kann eine Skizze der Flugbahn angeboten werden. Differenzierend wirkt sicher auch das oben beschriebene Experiment.
Als Tippkärtchen bietet sich auch der Hinweis an, dass die Lage von Felix an bestimmten Punkten und nach bestimmten Zeiten ausgerechnet werden soll.

Beispiel:

- Wo befindet sich Felix nach 20 Minuten?
- Wo und wann befindet sich Felix in einer Höhe von 1 000 m?
- In welcher Höhe befindet sich Felix, wenn er sich 4 km vom Startplatz entfernt befindet, und wie lange dauerte sein Flug bis dorthin?

Lösungsvorschläge

1. Felix wiegt 27 kg = 27 000 g

   2-Cent-Münze wiegt 3,06 g

   $\frac{27\,000\text{ g}}{3{,}06\text{ g}} = 8\,824$ ➤ Felix würde **8 824** gasgefüllte Luftballons brauchen, um zu schweben.

2. Individuelle Lösungen nach der Formel:

   $\frac{\text{Gewicht des Schülers in Gramm}}{3{,}06\text{ g}} = \text{Anzahl der Luftballons}$

3. Zeichnerische Lösung:

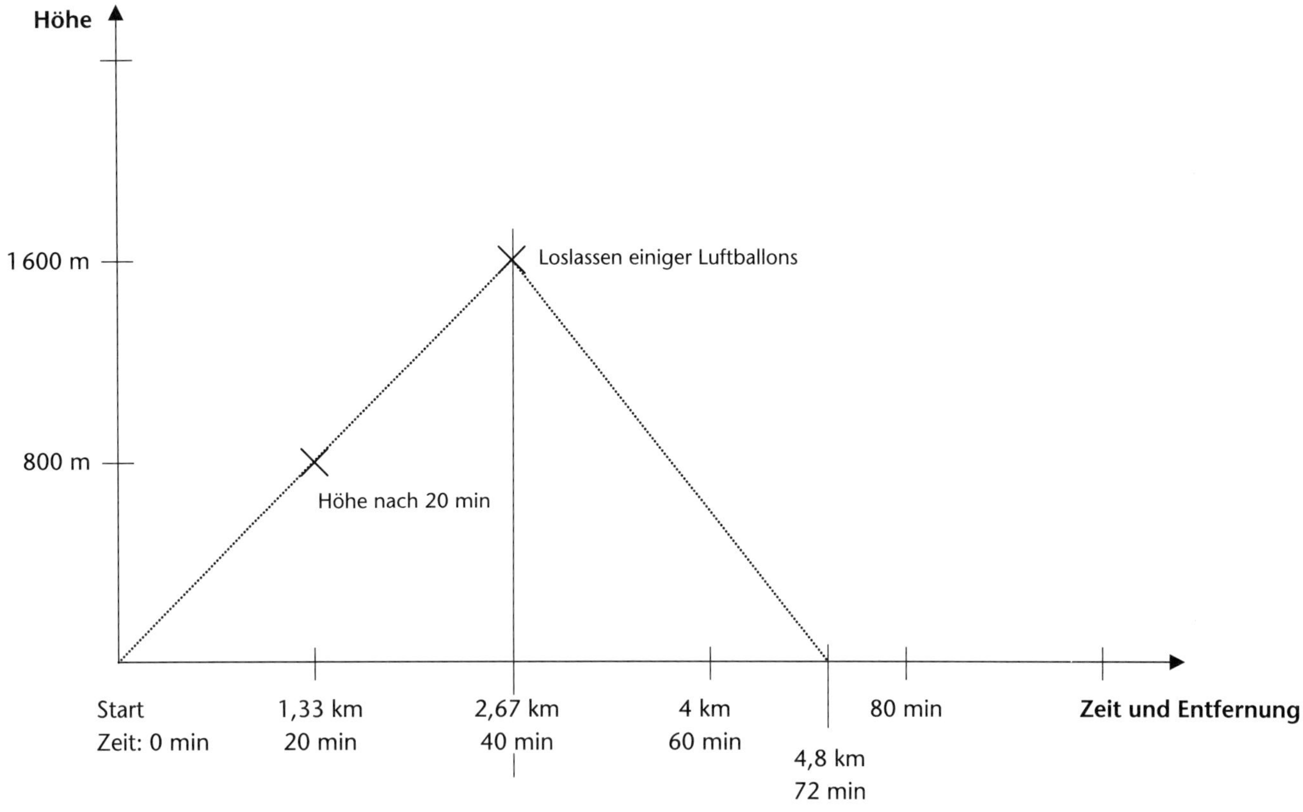

Rechnerische Lösung:

Windgeschwindigkeit 4 km/h

Steiggeschwindigkeit:

800 m/20 min ≙ 2,4 km/h ≙ **1,6 km/40 min**

Nach 40 min oder 1,6 km lässt Felix einige Ballons los, sodass hier der Sinkflug mit 3 km/h beginnt.

Da sich Felix auf 1 600 m befindet, kann hier der Dreisatz angewendet werden:

3 km ≙ 60 min
1,6 km ≙ x

$$x = \frac{1\,600 \text{ m} \cdot 60 \text{ min}}{3\,000 \text{ m}} = 32 \text{ min}$$

Felix landet also nach **32 Minuten** am Boden.

Jetzt muss noch berechnet werden, wie weit Felix sich vom Startpunkt entfernt hat:

Gesamte Flugzeit:

40 min Steigflug
+ 32 min Sinkflug

Gesamte Flugzeit: **72 Minuten**

Die Entfernung zum Startplatz wird mit dem Dreisatz berechnet:

Felix würde bei einer Stunde Flugzeit 4 km vom Startplatz entfernt landen.

$$\begin{array}{rcl} 60\text{ min} & \widehat{=} & 4000\text{ m} \\ 72\text{ min} & \widehat{=} & x \end{array}$$

$$x = \frac{72\text{ min} \cdot 4000\text{ m}}{60\text{ min}} = 4800\text{ m}$$

Felix landet **4800 m** vom Startpunkt entfernt.

4. Die Flugdauer berechnet man mit dem Dreisatz:

$$\begin{array}{rcl} 2400\text{ m} & \widehat{=} & 60\text{ min} \\ 4\text{ m} & \widehat{=} & x \end{array}$$

$$x = \frac{4\text{ m} \cdot 3600\text{ s}}{2400\text{ m}} = 6\text{ s}$$

Sein Flug dauert **6 Sekunden.**

Entfernung zum Startplatz:

Lösung mit Dreisatz:

$$\begin{array}{rcl} 3600\text{ s} & \widehat{=} & 4000\text{ m} \\ 6\text{ s} & \widehat{=} & x \end{array}$$

$$x = \frac{6\text{ s} \cdot 4000\text{ m}}{3600\text{ s}} = 6{,}66\text{ m}$$

Felix landet **6,66 m** vom Startpunkt entfernt.

5. Das Experiment ist sicher nicht realistisch, da das Volumen von so vielen Luftballons sehr groß ist.

6. Individuelle Lösungen.

Weitere mögliche Fragestellungen

- Nach 20 Minuten ändert sich die Windstärke. Der Wind bläst so stark, dass Felix in einer Stunde 6 km vom jetzigen Punkt landen würde. Berechne, wie weit er jetzt vom Startpunkt entfernt landen würde.
- Experimentiere selbst. Befestige dafür einen entsprechend langen, aber leichten Faden an den Luftballons.
- Wie schnell fliegt eine 2-Cent-Münze, die an 2, 3 oder 4 gasgefüllten Luftballons befestigt wird? Erstelle eine Tabelle (Excel).

Um die Sicherheit auf winterlichen Straßen zu gewährleisten, sind in vielen Städten und Gemeinden Schneeräumfahrzeuge unterwegs. Klaus Rätzke trägt im Stadtteil Lörrach-Haagen (siehe Plan auf der nächsten Seite) die Verantwortung für eis- und schneefreie Straßen. Er muss sich bei zu erwartender Kälte oder Schneevorhersage in Bereitschaft halten.

Sobald Rutschgefahr durch gefrierende Nässe oder Schneefall besteht, muss er mit seinem Räumfahrzeug Schnee räumen und Salz streuen.

Bei Glatteis befährt er die Straßen in beiden Richtungen und streut dabei 15 g/m. Fällt Schnee, taut er diesen in der ersten Fahrt mit einer Streumenge von 5 g/m an. Danach befährt er die Straßen ein zweites Mal mit 15 g/m. Der Behälter an seinem Räumfahrzeug fasst 2 t. Im Schnitt erreicht er eine Geschwindigkeit von 20 km/h.

Aufgaben

1. Das Streufahrzeug muss bei gefrierender Nässe den gesamten Ort in beiden Fahrtrichtungen streuen. Bestimme die benötigte Menge des Streusalzes.
2. Berechne die Fahrdauer, die Herr Rätzke für die Streuung benötigt.
3. Berechne die Menge des Streusalzes und die Fahrdauer bei Schnee.
4. Erstelle ein Strecke-Salzmenge-Diagramm für die Streuung bei gefrorener Nässe und bei Schneefall.

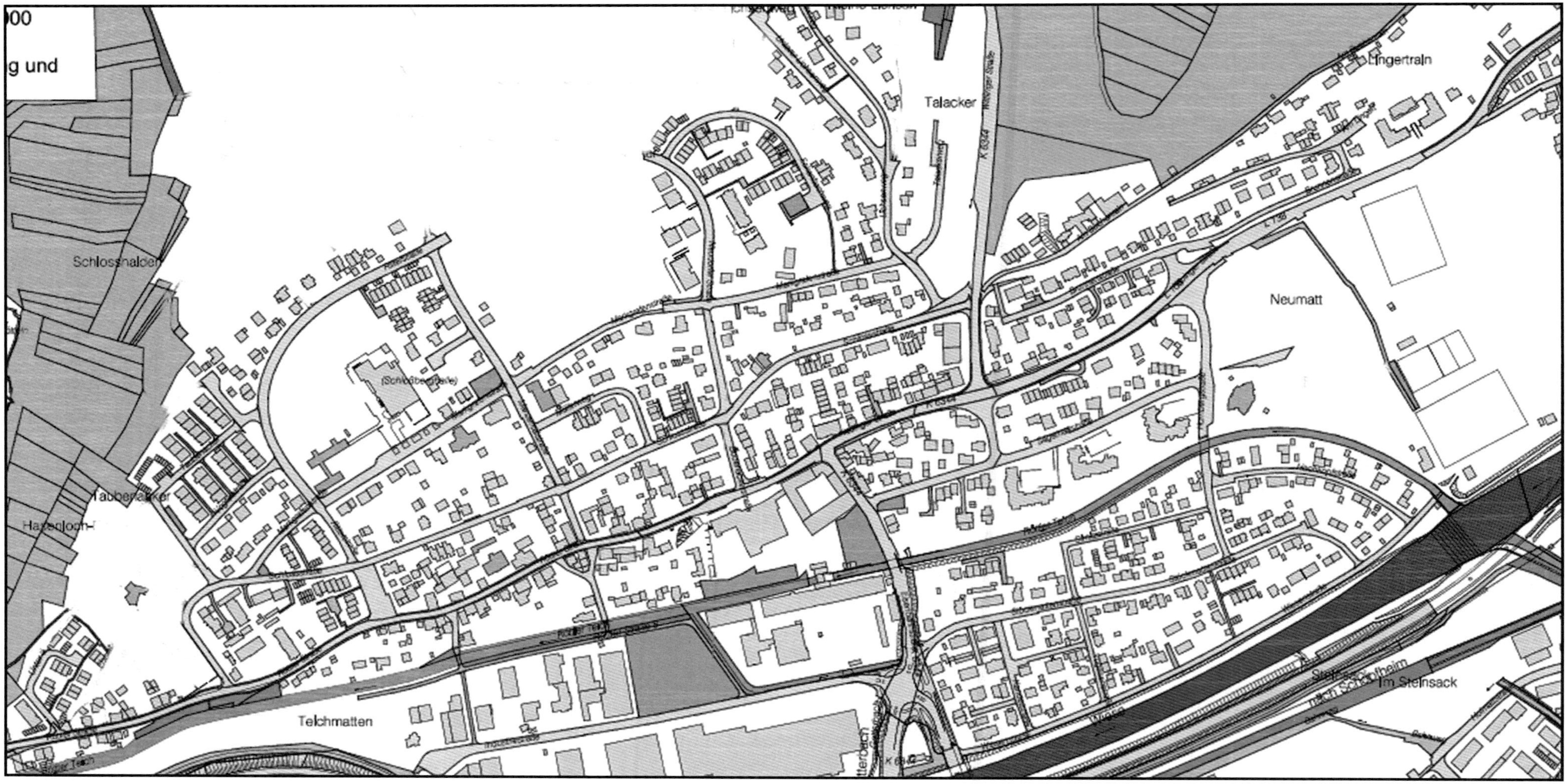

Maßstab: 1 : 6000

Didaktische Hinweise

Notwendige Vorkenntnisse der Schüler:

- Rechnen mit Maßstab
- Rechnen mit Größen (Strecken, Zeit, Gewicht)
- Modellieren
- Diagramme erstellen

Gestaltungsgedanke

Die Strecke des zu streuenden Gebietes muss mithilfe des Maßstabs aus dem Lageplan entnommen werden. Hier geht es nicht darum, millimetergenau zu ermitteln, sondern grob abzumessen. Kurven können zum Beispiel vernachlässigt werden.
Als Einstieg in die Aufgabe kann auch eine Handvoll Streusalz mitgebracht werden. Daran kann das Gewicht, das Volumen und die Beschaffenheit des Materials deutlich gemacht werden.

Mögliche Differenzierung

Für schwächere Gruppen kann der Umgang mit dem Maßstab nochmals deutlich gemacht werden.

Tippkärtchen:
1 cm auf der Zeichnung $\triangleq$ 6 000 cm in Wirklichkeit
1 cm auf der Zeichnung $\triangleq$ 60 m in Wirklichkeit

Für die Aufgabe 4 sind Tippkärtchen möglich, auf denen das Diagramm mit beiden beschrifteten Achsen sichtbar ist. Auf einem weiteren Tippkärtchen kann die Einteilung der Achsenwerte angegeben werden.

Lösungsvorschläge

1. Um Aufgabe 1 zu lösen, muss die gesamte Fahrstrecke ermittelt werden. Hierfür wird die zu befahrende Strecke auf dem Plan abgemessen (hier: 178 cm).

   Es wird übersichtlicher, wenn die Schüler mit unterschiedlichen Farben arbeiten. Einzelne Streckenabschnitte werden farblich markiert und mit dem Lineal grob gemessen. Es kommt hierbei nicht auf Millimeter an. Die gemessenen Werte werden dann notiert und zusammengezählt. Mithilfe des Maßstabs kann dann die reale Strecke ermittelt werden.

   $1\text{ cm} \triangleq 6000\text{ cm}$
   $178\text{ cm} \triangleq x$

   $$x = \frac{178\text{ cm} \cdot 6000\text{ cm}}{1\text{ cm}}$$

   $x = 1\,068\,000\text{ cm} = 10{,}68\text{ km} \approx 11\text{ km}$

   Beide Richtungen: $2 \cdot 11\text{ km} = 22\text{ km}$

   Herr Rätzke muss **22 km** fahren, um alle Straßen in seinem Gebiet zu streuen.

Berechnung der benötigten Salzmenge bei Glatteis:

Bei 15 g/m ergibt sich: 22 000 m · 15 g/m = 330 000 g = **330 kg**

2. 20 km ≙ 60 min
   22 km ≙ x

$$x = \frac{22\text{ km} \cdot 60\text{ min}}{20\text{ km}} = 66\text{ min}$$ ➤ Herr Rätzke benötigt **66 Minuten.**

(Hier geht man davon aus, dass Herr Rätzke immer mit 20 km/h fahren kann; nicht berücksichtigt sind eventuelle Verzögerungen, weil er um Kurven langsamer fahren muss, für Fußgänger vielleicht auch abbremsen muss usw.).

3. Bei Schnee benötigt Herr Rätzke 20 g/m, für die ganze Strecke also:

   22 000 m · 20 g/m = 440 000 g = **440 kg**

   Berechnung der Zeit: Da er die Strecke zweimal befahren muss, benötigt er **132 Minuten.**

4. Strecke-Salzmenge-Diagramm:

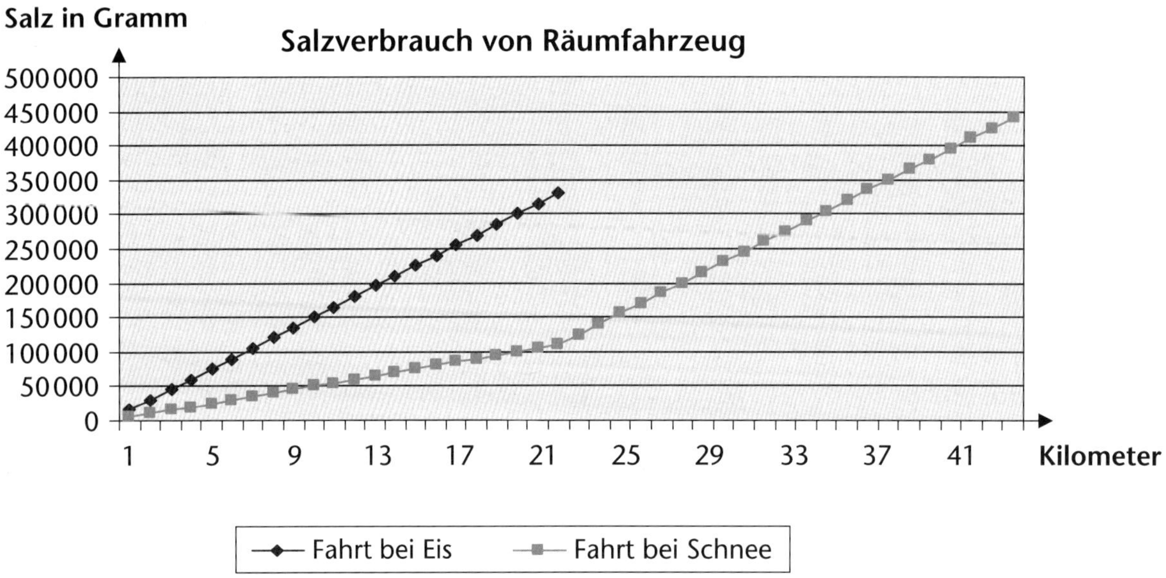

Weitere mögliche Fragestellungen

- Berechne die Kosten für einen Streueinsatz bei gefrierender Nässe und bei Schnee.
- Recherchiere im Internet und suche nach einer Wetteraufzeichnung eines Winters. Versuche anhand der Daten ungefähr zu ermitteln, wie oft das Fahrzeug in einem Monat unterwegs war und welche Kosten für die Gemeinde entstehen würden.
- Aufgrund deiner Berechnungen kannst du den Bedarf an Streusalz für einen Winter ermitteln.
- Berechne die Streumenge und die benötigte Zeit für dein Wohngebiet.
- Überlege und berechne, wie lange du zu Fuß benötigen würdest, um den Stadtteil Lörrach-Haagen zu streuen (Fermi-Aufgabe). Wäre das realistisch machbar? Wie oft müsstest du zurück zum Depot, um neues Streusalz zu holen?

Das Brandenburger Tor am Pariser Platz in Berlin ist ein wichtiges Wahrzeichen. Es wurde in den Jahren 1788 bis 1791 erbaut und bildet den Abschluss der Straße „Unter den Linden". Das Brandenburger Tor markiert die Grenze zwischen Ost- und Westberlin. Bis zur Wiedervereinigung galt es als Symbol des Kalten Krieges. Nach 1990 wurde es zum Symbol der Wiedervereinigung Deutschlands. Es ist beispielsweise auf den deutschen Euromünzen zu 10, 20 und 50 Cent geprägt. Ebenso ist es auf Briefmarken abgebildet und seit Oktober 2008 gibt es auch eine Automatenbriefmarke, die ebenfalls das Brandenburger Tor zeigt.

Das Brandenburger Tor ist mit der Kupferskulptur 26 m hoch, 65 m breit und 11 m tief. Auf jeder Seite befinden sich sechs zylindrische Säulen, die einen Durchmesser von 1,75 m haben und 15 m hoch sind. Sie bestehen aus Sandstein, der eine Dichte von 2,6 g/cm³ hat. Zwischen jeweils zwei Säulen sind quaderförmige Stützmauern angebracht. Das Tor hat fünf Durchfahrten, von denen die mittlere Durchfahrt mit 15 m etwas breiter als die anderen vier ist.

Gekrönt wird das Tor von einer etwa 5 m hohen Kupferskulptur. Eine geflügelte Siegesgöttin ist dort dargestellt, die in einem von vier Pferden gezogenen Wagen in die Stadt hineinfährt. Ein solcher Wagen wird auch Quadriga genannt, weshalb die ganze Skulptur häufig als Quadriga bezeichnet wird.

Aufgaben

1. Berechne die Breite der vier seitlichen Durchfahrten.
2. Berechne das Volumen und das Gewicht (= die Masse) einer der Säulen.
3. Christo, der berühmte Verpackungskünstler, hat schon häufig bekannte Gebäude (z. B. den Reichstag) in Stoff gehüllt und so einmalige Kunstobjekte geschaffen. Wie viel Stoff würde er benötigen, um die 12 Säulen einzeln zu verhüllen? Vergleiche mit der Stoffmenge, wenn er das Brandenburger Tor komplett (ohne Quadriga) am Stück verhüllen würde.
4. Stelle dir vor, du sollst ein maßstabsgetreues Modell des Brandenburger Tores (ohne Quadriga) bauen. Die Säulen sollen aus 10-Cent-Münzen bestehen, der Überbau aus Karton. Wie viele 10-Cent-Münzen benötigst du? Welche Maße hat der Überbau?
5. Wie viel würde dein Modell wiegen?

Didaktische Hinweise

Notwendige Vorkenntnisse der Schüler:

- Rechnen mit verschiedenen Größen (Länge, Masse, Volumen)
- Berechnungen am Zylinder (Mantel und Volumen)
- Rechnen mit Maßstäben
- Volumenberechnung und Oberflächenberechnung an zusammengesetzten Körpern

Gestaltungsgedanke

Die Säulen des Brandenburger Tores haben am Fuß einen Durchmesser von 1,75 m. Nach oben hin verjüngen sie sich allerdings etwas. Dies wird bei der Berechnung außer Acht gelassen, da dies aus dem Bild kaum hervorgeht und die Aufgabe unnötig verkomplizieren würde – denn streng genommen würde es sich dann um Kegelstümpfe handeln.
Die Aufgaben 4 und 5 können als arbeitsteilige Gruppenarbeit gestaltet werden, bei der jede Gruppe eine andere Münzart zugrunde legt. Bei Aufgabe 3 ist es sinnvoll, im Vorfeld eine Schätzung der Schüler einzufordern, bei welcher Art der Verhüllung wohl mehr Stoff benötigt wird und wie viel mehr dies sein könnte. Am Ende kann dann auf diese Schätzungen zurückgegriffen und die beste Schätzung prämiert werden.

Die Maße der 10-Cent-Münze wurden bewusst weggelassen, da diese sehr einfach zu ermitteln sind.

Mögliche Differenzierung

Eine Vereinfachung ist bei Aufgabe 2 möglich, indem die Dichte des Sandsteins bereits in kg/m³ angegeben wird, da hier über mehrere Einheiten hinweg sehr groß umgewandelt werden muss und dabei leicht Fehler passieren können. Aufgabe 4 kann vereinfacht werden, indem die Maße der 10-Cent-Münze angegeben werden. Die Aufgabe kann deutlich schwieriger gestalten werden, wenn benötigte Maße weggelassen werden. Allerdings wird bei einer Schätzung der Maße die Streuung der verschiedenen Ergebnisse größer und damit schwieriger zu vergleichen. Zudem ist es sehr einfach, die fehlenden Maße beispielsweise im Internet zu recherchieren.

Lösungsvorschläge

1. Die Länge aller vier Durchfahrten zusammen beträgt: 65 m – 15 m – 6 · 1,75 m = 39,5 m

   39,5 m : 4 = **9,875 m** ➤ Eine Durchfahrt ist etwa **10 m** breit.

2. $V_{Zylinder} = r^2 \cdot \pi \cdot h = (0{,}875\ \text{m})^2 \cdot 3{,}14 \cdot 15\ \text{m} = 36{,}06\ \text{m}^3 \approx \mathbf{36\ m^3}$

   Das Volumen einer Säule beträgt **36 m³**.

   Masse: 1 m³ Sandstein wiegt 1 000 000 · 2,6 g = 2 600 000 g = 2 600 kg

   36 m³ · 2 600 kg/m³ = 93 600 kg = **93,6 t** ➤ Eine Säule wiegt **93,6 t**.

3. $M_{Zylinder} = 2 \cdot r \cdot \pi \cdot h = 2 \cdot 0{,}875\text{ m} \cdot 3{,}14 \cdot 15\text{ m} = \mathbf{82{,}425\ m^2}$

   Rechnet man noch etwa 10 % Verschnitt bzw. Überlappungen zum Zusammenfügen hinzu, kommt man auf ca. **90 m²** Stoff pro Säule. Bei 12 Säulen sind dies dann $90\text{ m}^2 \cdot 12 = \mathbf{1080\ m^2}$

   Geht man davon aus, dass das Brandenburger Tor in einen Quader mit den Maßen Länge = 65 m, Breite = 11 m, Höhe = 21 m (Gesamthöhe abzüglich der Quadriga) verpackt wird, ergibt sich Folgendes (beachtet werden muss dabei, dass eine Fläche (die Bodenfläche) nicht berücksichtigt wird):

   $O_{Quader} = 1 \cdot \text{Länge} \cdot \text{Breite} + 2 \cdot \text{Breite} \cdot \text{Höhe} + 2 \cdot \text{Länge} \cdot \text{Höhe}$

   $O_{Quader} = 65\text{ m} \cdot 11\text{ m} + 2 \cdot 11\text{ m} \cdot 21\text{ m} + 2 \cdot 65\text{ m} \cdot 21\text{ m} = \mathbf{3907\ m^2}$

   Rechnet man auch hier etwa 10 % Verschnitt hinzu, kommt man auf etwa **4300 m²** Stoff.

   Vergleicht man die beiden Werte, kann man erkennen, dass die Gesamtverhüllung fast 4-mal so viel Stoff benötigt wie die Verhüllung der einzelnen Säulen.

4. Durchmesser einer 10-Cent-Münze: 19,75 mm; Masse: 4,10 g, Dicke: 1,93 mm

   Maßstabsfestlegung: Durchmesser Säule = 1,75 m = 1 750 mm

   1 750 mm : 19,75 mm = 88,6 ≈ **89** ➤ Der Maßstab ist also 1 : 89.

   Höhe der Säulen des Modells: 15 m entsprechen im Modell 0,169 m ≈ **17 cm = 170 mm**

   Münzanzahl für 1 Säule: 170 mm : 1,93 mm = 88,08 ≈ 88

   Für eine Säule benötigt man 88 Münzen. Bei 12 Säulen sind dies dann

   88 · 12 = **1 056 Münzen**.

   Der Überbau kann vereinfacht als Quader mit den Maßen Länge = 65 m, Breite = 11 m und Höhe = 6 m angesehen werden.

   Maße des Modells des Überbaus: Länge = 65 m : 89 = 0,73 m = 73 cm
   Breite = 11 m : 89 = 0,12 m = 12 cm
   Höhe = 6 m : 89 = 0,07 m = 7 cm

   Der Quader hätte also die Maße **73 cm Länge, 12 cm Breite** und **7 cm Höhe**. Die Fläche des benötigten Kartons beträgt 2942 cm² = 0,2942 m²

5. Die 1 056 Münzen wiegen 1 056 · 4,10 g = 4 329,6 g ≈ **4,330 kg**

   Wird der Quader aus Karton der Stärke 180 g/m² gebaut, wiegt dieser etwa

   0,2942 m² · 180 g/m² = 52,956 g ≈ **53 g**

   Gesamtgewicht = 4 230 g + 53 g = 4 383 g = **4,383 kg**

Weitere mögliche Fragestellungen

- Wie viele Menschen werden benötigt, um eine Säule zu umarmen? Wie viele Menschen werden benötigt, um das ganze Tor zu umrunden?
- Wie viele Fußballfelder könnten mit der Stoffmenge, die zur Verhüllung des Brandenburger Tores nötig ist, ausgelegt werden?
- Wie oft wird das Brandenburger Tor täglich fotografiert?

Amy spielt mit kleinen runden Plastikscheiben, die auch Muggelsteine genannt werden. Diese gibt es in vielen verschiedenen Farben. Man kann damit Muster oder Bilder legen, sie zählen, nach den Farben sortieren usw.

Ein Muggelstein wiegt 1,3 g, hat einen Durchmesser von 2 cm und ist 4 mm hoch.
Amy bewahrt ihre Muggelsteine in der Dose auf, die du am linken Bildrand sehen kannst.

Die Dose ist rechteckig und hat folgende Maße:

Länge: 18 cm Breite: 12,5 cm Höhe: 7 cm

Sind alle Muggelsteine aufgeräumt, ist die Dose bis 1,5 cm unter den Rand gefüllt.

Aufgaben

1. Aus wie vielen einzelnen Muggelsteinen besteht der auf dem Foto sichtbare Ausschnitt aus dem Bild, das Amy gelegt hat?
2. Wie viel wiegen diese Muggelsteine?
3. Welche Fläche nimmt dieses Bild ein?
4. Zeichne ein Netz der Aufbewahrungsdose im Maßstab 1:5.
5. Wie viele Muggelsteine sind etwa in der Dose, wenn alle Muggelsteine aufgeräumt sind? Wie viel wiegen diese Muggelsteine? Berechne und begründe, wie du vorgegangen bist.
6. Die dargestellten Muggelsteine sind aus Plastik. Die Dichte dieses Plastiks beträgt rund 1 g/cm³. Wie schwer wäre ein Muggelstein aus Blei? Könnte Amy die Dose hochheben, wenn ihre Muggelsteine aus Blei wären? (Die Dichte von Blei beträgt 11,34 g/cm³.)

Didaktische Hinweise

Notwendige Vorkenntnisse der Schüler:

- sicherer Umgang mit Größen (Masse, Längenmaße, Volumenmaße)
- geometrisches Grundverständnis Quader und kreisförmige Körper
- Flächenberechnung Kreis
- Volumenberechnung Quader
- mathematisch argumentieren und beschreiben

Gestaltungsgedanke

Das beschriebene Spielmaterial „Muggelsteine" ist in vielen Kindergärten und Grundschulen im Einsatz, sodass es leicht zu beschaffen ist, um den Schülern Anschauungsmaterial zu ermöglichen. Dann können die Maße weggelassen und von den Schülern selbst herausgefunden werden.

Mögliche Differenzierung

Aufgabe 5 ist besonders schwierig. Die Gesamtaufgabe kann sehr vereinfacht werden, wenn diese Teilaufgabe vereinfacht wird. Eine Möglichkeit besteht etwa darin, den Platzbedarf eines Muggelsteins mit 2,5 cm^3 anzugeben. Erschwert werden kann die Aufgabe, indem man einzelne Maßangaben weglässt, welche die Schüler dann über Berechnungen herausfinden müssen. Aufgabe 6 kann erschwert werden, indem die Angaben der Dichte der einzelnen Materialien weggelassen werden. (Die Dichte des Plastiks kann auch aufgrund der Angaben in der Aufgabe berechnet werden. Die Dichte von Blei kann man leicht selbst recherchieren.)

Lösungsvorschläge

1. Die Anzahl lässt sich durch einfaches Abzählen ermitteln. Es sind **109** Muggelsteine sichtbar.

2. $109 \cdot 1{,}3\ g = 141{,}7\ g$ ➤ Die Muggelsteine des Bildes wiegen zusammen rund **142 g.**

3. Fläche eines Muggelsteins (Blick von oben): $r^2 \cdot \pi = (1\ cm)^2 \cdot 3{,}14 = \mathbf{3{,}14\ cm^2}$

   Gesamtfläche: $3{,}14\ cm^2 \cdot 109 = \mathbf{342{,}26\ cm^2}$

   Die Gesamtfläche aller Steine beträgt ca. **342 cm^2.** Nicht berücksichtigt sind hierbei die Lücken zwischen den einzelnen Steinen. Deshalb sind auch Lösungen zu erwarten, die über dieser errechneten Fläche liegen. Möglich wäre etwa die Annahme, dass ein Muggelstein ein Quadrat der Seitenlänge 2,2 cm einnimmt. (Tatsächlicher Durchmesser und eine kleine Zugabe durch mögliche Lücken zwischen den Steinen.) Ein Muggelstein würde also etwa **4,84 cm^2** Fläche einnehmen (2,2 cm · 2,2 cm).

   Bei 109 Muggelsteinen wären dies dann $4{,}84\ cm^2 \cdot 109 = \mathbf{527{,}56\ cm^2}$.

4. Beispiellösung:

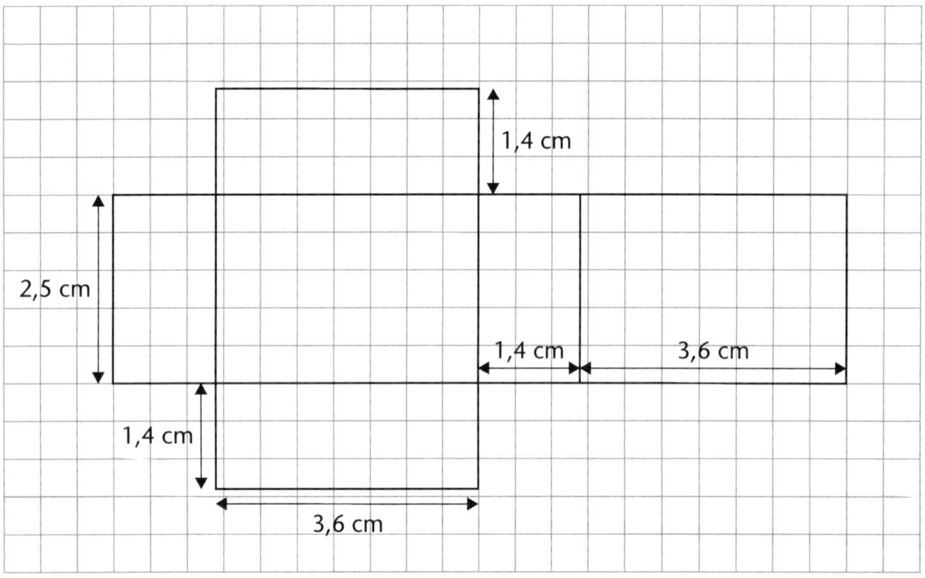

5. Geht man davon aus, dass der Muggelstein überall gleich hoch ist, hat er folgendes Volumen: V = Grundfläche · Höhe = 3,14 cm^2 · 0,4 cm = 1,256 cm^3 ≈ **1,26 cm^3**

Ein Muggelstein hat also ein Volumen von **1,26 cm^3.**

Um das befüllte Volumen der Dose zu ermitteln, muss die Höhe der Dose laut Angaben um 1,5 cm reduziert werden:

V = a · b · c = 18 cm · 12,5 cm · 5,5 cm = **1 237,5 cm^3**

Die Muggelsteine nehmen also ein Volumen von **1 237,5 cm^3** ein.

Geht man davon aus, dass die Muggelsteine ohne Lücken in die Dose passen, ergibt sich Folgendes:

1 237,5 cm^3 : 1,26 cm^3 ≈ **982,14 Steine**

Diese 982 Steine würden 982 · 1,3 g = **1 276,6 g** wiegen.

Diese Anzahl an Muggelsteinen ist allerdings nicht realistisch, da Hohlräume zwischen den Steinen entstehen.

Legt man zugrunde, dass jeder Muggelstein doppelt so viel Platz wie sein tatsächliches Volumen benötigt, kommt man dem Ergebnis sehr nahe:

1 237,5 cm^3 : 2,52 cm^3 ≈ **491,07** ➤ Gewicht: 491 · 1,3 g = **638,3 g**

Alternativ kann man die Steine „lagenweise" in die Dose legen. Eine Lage besteht aus 54 Steinen (9 · 6 Steine), da bei 2 cm Durchmesser auf 12,5 cm 6 Reihen nebeneinandergelegt werden können. Aufeinander passen 13 bis 14 Lagen (5,5 cm : 0,4 cm). Somit kommt man zum Ergebnis, dass zwischen **702 Steinen** (54 · 13) bzw. **756 Steinen** (54 · 14) in die Dose passen.

Man kann auch – wie unter Aufgabe 3 – die Muggelsteine mit quadratischer Grundfläche annehmen: 4,84 cm^2 · 0,4 cm = 1,936 cm^3 ≈ 2 cm^3

1 237,5 cm^3 : 2 cm^3 = 618,75 ≈ 619 Steine ➤ **804,7 g**

(Mit dem unter „Mögliche Differenzierung" vorgegebenen Platzbedarf von 2,5 cm^2 pro Muggelstein ergibt sich: 1 237,5 cm^3 : 2,5 cm^3 = 495 Steine ➤ **643,5 g**).

(In der Dose befinden sich in Wirklichkeit 520 Muggelsteine. Diese wiegen dann:

$520 \cdot 1{,}3\ g = 676\ g$.)

Wichtig ist, dass die Schüler ihre Lösungen ausführlich begründen. Die Lösung sollte nicht über 990 Steinen und nicht unter 468 Steinen liegen.

6. Vereinfacht gilt: Muggelsteine aus Blei wiegen 11-mal so viel wie Muggelsteine aus Plastik. Somit kommt man zum Ergebnis, dass ein Muggelstein $11 \cdot 1{,}3\ g =$ **14,3 g** wiegt.

   Alle Muggelsteine zusammen würden dann mindestens $468 \cdot 14{,}3\ g =$ **6692,4 g** und höchstens $990 \cdot 14{,}3\ g =$ **14 157 g** wiegen (Minimal- und Maximalwert aus Aufgabe 5).

   Es ist nicht davon auszugehen, dass Amy knapp 7 kg bzw. 14 kg hochheben kann. Eine Handvoll bleierner Muggelsteine (ca. 7 Steine) würde 100,1 g wiegen und könnte noch gut hochgehoben werden.

Weitere mögliche Fragestellungen

- Wie viele Muggelsteine würdest du benötigen, um deinen Namen damit zu legen?
- Wie viele Muggelsteine wären notwendig, um den Boden deines Zimmers (den Boden eures Klassenzimmers) damit auszulegen?

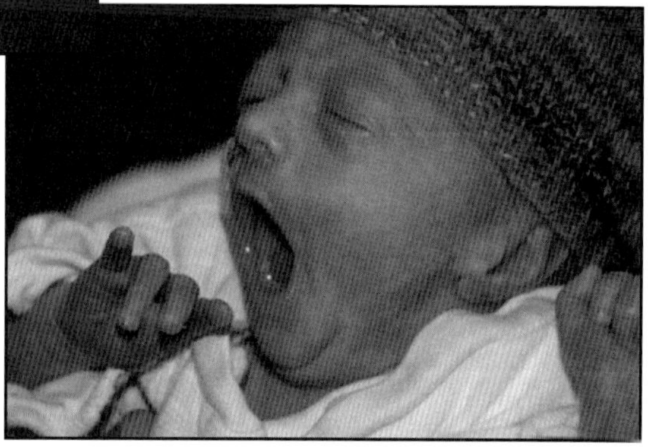

Das gezeigte Baby ist ein sogenanntes Frühchen. Als Frühchen werden Babys bezeichnet, die mehrere Wochen vor dem eigentlichen Geburtstermin zur Welt kommen. Dieses Kind kam 12 Wochen zu früh zur Welt und wog bei der Geburt knapp 1 300 g. Auf dem Bild ist es 3 Wochen alt und trägt eine selbst gestrickte Mütze, weil herkömmliche Babykleidung noch viel zu groß wäre. Auf dem linken Foto siehst du dieselbe Mütze zusammen mit einem Paar Söckchen und einem Paar Handschuhe für Frühchen. Die 1-€-Münze soll dir verdeutlichen, wie klein die gestrickten Kleidungsstücke sind. Sie hat einen Durchmesser von 23,25 mm.

Zum verwendeten Material:

Die Wolle besteht aus 75 % Schurwolle und 25 % Polyamid. 100 g dieser Wolle sind 420 m lang. Um ein Quadrat mit der Seitenlänge 10 cm zu stricken, werden 30 Maschen und 40 Reihen benötigt, sofern man wie hier gezeigt vor allem rechte Maschen strickt.

100 g Wolle dieser Qualität kosten je nach Färbung und Hersteller zwischen 5 und 9 €.

Aufgaben

1. Zeichne ein Quadrat mit der Seitenlänge 10 cm und unterteile in 30 Maschen (senkrecht) und 40 Reihen (waagrecht).
2. Fertige eine maßstabsgetreue Skizze der Mütze, der Handschuhe und Söckchen an.
3. Berechne so genau wie möglich, wie viele Maschen benötigt werden, um die Mütze, die Handschuhe und Söckchen zu stricken.
4. Berechne, wie viel die gezeigten Modelle wohl wiegen, und erkläre deine Vorgehensweise. Wie viel kostet die benötigte Wolle dann für die einzelnen Modelle?
5. Berechne den Anteil in Gramm an Schurwolle und Polyamid in den einzelnen Modellen.

Didaktische Hinweise

Notwendige Vorkenntnisse der Schüler:

- hohe Lesefertigkeit
- Umgang mit Größen (Masse, Längen, Flächen, Geld)
- geometrische Grundkenntnisse im Umgang mit Maßstäben
- Dreisatz
- Prozentrechnen

Gestaltungsgedanke

Die gezeigten Kleidungsstücke wurden nach Anleitungen hergestellt, die unter www.frühchenstricken.de (Pfad: „Infos für Stricker" – „Anleitungen" – „Strickanleitung Regenwurmsocken für Frühchen" (so heißen die gezeigten Söckchen) bzw. „Strickanleitung Handschuhe für Frühchen" und „Strickanleitung Mütze rundlich für Frühchen") abgerufen werden können.
Sie wurden aus herkömmlicher Sockenwolle gefertigt.
Das Gewicht der Handschuhe beträgt je 5 g. Die Söckchen wiegen je 4 g und die Mütze wiegt 10 g.
Möglich wäre ein Strickprojekt in Zusammenarbeit mit Handarbeiten. Hier können interessierte Schülerinnen und Schüler diese Modelle nachstricken. Die Frühchenstationen der Krankenhäuser sind über Spenden meist sehr dankbar.
Beim Berechnen können auch Maschenproben hilfreich sein, anhand derer die Schüler die Maschen tatsächlich abzählen können.

Mögliche Differenzierung

Aufgabe 3 bietet sich als arbeitsteilige Gruppenarbeit an. Jede Gruppe berechnet ein Modell. Am Ende werden die Ergebnisse gegenseitig vorgestellt und verglichen. Die Aufgabe kann vereinfacht werden, indem man folgende Informationen vorgibt:

Für die **Mütze** wurden 64 Maschen angeschlagen. Ab 8 cm Höhe wurde mit der Abnahme von Maschen begonnen. Das heißt, man strickt mehrere Maschen zusammen, die Anzahl der Maschen reduziert sich, damit man eine gleichmäßige Rundung erreicht. Die gesamte Mütze ist 9,5 cm hoch und 11,5 cm breit.

Bei den **Handschuhen** wurden 32 Maschen angeschlagen, die Gesamtlänge beträgt 10,5 cm. Die Abnahmen beginnen hier 1,5 cm vor dem Ende in der 38. Reihe.

Die **Söckchen** wurden über 30 Maschen gestrickt. Ihre Länge beträgt 9,5 cm. Die Abnahmen beginnen ebenfalls 1,5 cm vor dem Ende.

Lösungsvorschläge

1. Grafische Lösung (evtl. Kopiervorlage mit mm-Papier dazugeben):

2. Auf dem Bild beträgt der Durchmesser der 1-€-Münze genau 1 cm. Das Verhältnis zwischen Bild und Wirklichkeit beträgt also 1 : 2,3, d. h. 1 cm auf dem Bild entspricht 2,3 cm in der Realität.

Mütze:

Höhe auf dem Foto: 4 cm
Realität: 4 cm · 2,3 cm = **9,2 cm**

Breite auf dem Foto: 5,1 cm
Realität: 5,1 cm · 2,3 cm = **11,7 cm**

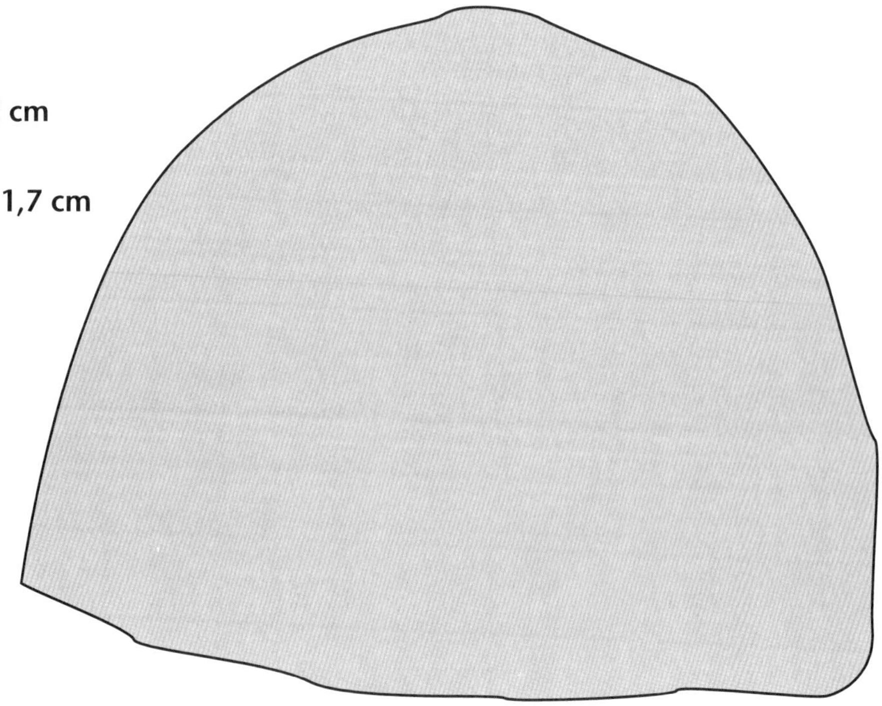

Handschuhe:

Länge auf dem Foto: 4,5 cm Realität: 4,5 cm · 2,3 cm = **10,4 cm**
Breite auf dem Foto: 2,1 cm Realität: 2,1 cm · 2,3 cm = **4,8 cm**

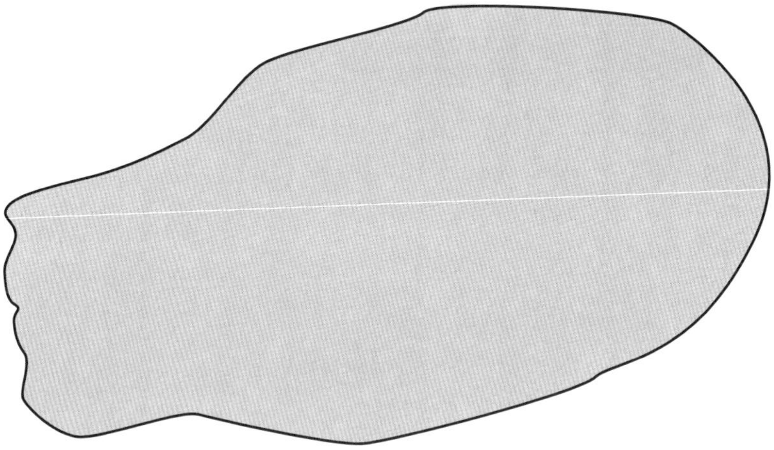

Söckchen:

Länge auf dem Foto: 4 cm Realität: 4 cm · 2,3 cm = **9,2 cm**
Breite auf dem Foto: 1,7 cm Realität: 1,7 cm · 2,3 cm = **3,9 cm**

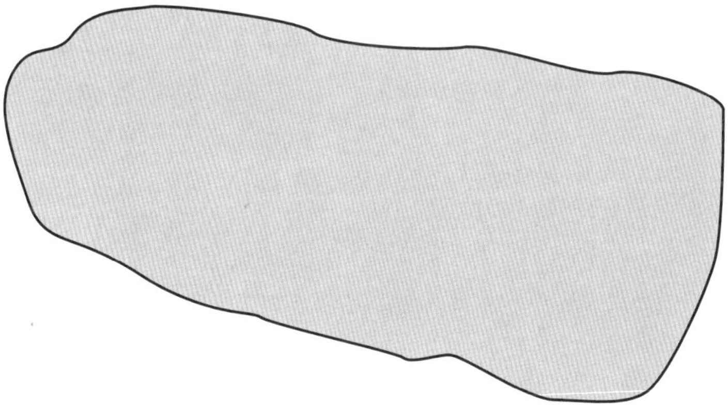

3. Alle gezeigten Modelle wurden mit einem Nadelspiel angefertigt. Ein Nadelspiel besteht aus 5 Nadeln. Auf 4 Nadeln befinden sich jeweils gleich viele Maschen. Mit der 5. Nadel werden die Maschen abgestrickt.

   Aus den Reihen- und Maschenangaben geht hervor, dass man für die Höhe der **Mütze** von 9,2 cm etwa **38 Reihen** stricken muss. Der Umfang (= Breite) der Mütze beträgt etwa 24 cm, da man die 11,7 cm Breite verdoppeln und einen kleinen Zuschlag für die beiden Kanten geben muss. Um eine Breite von 24 cm zu erhalten, werden etwa 70 Maschen benötigt.

   Somit ergibt sich vereinfacht folgende Annahme: 38 · 70 = **2660 Maschen**

Man rechnet mit durch 4 teilbaren Maschenanzahlen (4 Stricknadeln!).

Die tatsächliche Berechnung ergibt Folgendes:

30 Reihen (eigentlich Runden) zu je 64 Maschen	1 920 Maschen
1. Reihe mit Abnahme	56 Maschen
2. Reihe mit Abnahme	48 Maschen
3. Reihe mit Abnahme	40 Maschen
4. Reihe mit Abnahme	32 Maschen
5. Reihe mit Abnahme	24 Maschen
6. Reihe mit Abnahme	16 Maschen
7. Reihe mit Abnahme	8 Maschen
gesamt:	**2 144 Maschen**

Aus den Reihen- und Maschenangaben geht hervor, dass man für die Länge des **Handschuhs** von 10,4 cm etwa **42 Reihen** stricken muss. Der Umfang (= Breite) des Handschuhs beträgt etwa **10 cm**. Hierfür werden etwa 30 Maschen benötigt (gleiche Vorgehensweise wie bei der Mütze).

Somit ergibt sich vereinfacht folgende Annahme: 42 · 30 = **1 260 Maschen**

Die tatsächliche Berechnung ergibt Folgendes:

37 Reihen bzw. Runden zu je 32 Maschen	1 184 Maschen
1. Reihe mit und 2. Reihe ohne Abnahme je 24 Maschen	48 Maschen
3. Reihe mit und 4. Reihe ohne Abnahme je 16 Maschen	32 Maschen
5. Reihe mit und 6. Reihe ohne Abnahme je 8 Maschen	16 Maschen
gesamt:	**1 280 Maschen**

Aus den Reihen- und Maschenangaben geht hervor, dass man für die Länge des **Söckchens** von **9,2 cm** etwa **38 Reihen** stricken muss. Der Umfang (= Breite) des Söckchens beträgt etwa **10 cm**. Hierfür werden etwa 30 Maschen benötigt (gleiche Vorgehensweise wie bei der Mütze).

Somit ergibt sich vereinfacht folgende Annahme: 38 · 30 = **1 140 Maschen**

Die tatsächliche Berechnung ergibt Folgendes:

34 Reihen bzw. Runden zu je 30 Maschen	1 020 Maschen
1. Reihe mit Abnahme	28 Maschen
2. Reihe mit Abnahme	24 Maschen
3. Reihe mit Abnahme	20 Maschen
4. Reihe mit Abnahme	16 Maschen
5. Reihe mit Abnahme	12 Maschen
6. Reihe mit Abnahme	8 Maschen
gesamt:	**1 128 Maschen**

4. Möglich ist folgende Vorgehensweise: Man trifft die Annahme, dass man für eine Masche 1,5 cm Garn benötigt. Dies lässt sich von der Maschenprobe ableiten.

   1 g Garn ist 4,2 m lang, reicht also für **280 Maschen** (420 cm : 1,5 cm).

   Für die **Mütze** gilt dann:

   2 660 Maschen : 280 Maschen/g = 9,5 g

Der Preis beträgt dann im günstigsten Fall (5 €/100 g):	im teuersten Fall (9 €/100 g):
100 g $\triangleq$ 5 €	100 g $\triangleq$ 9 €
1 g $\triangleq$ 0,05 €	1 g $\triangleq$ 0,09 €
9,5 g $\triangleq$ 0,475 € ➤ **rund 50 ct**	9,5 g $\triangleq$ 0,855 € ➤ **rund 90 ct**

Für einen **Handschuh** gilt dann:

1 260 Maschen : 280 Maschen/g = 4,5 g

Der Preis beträgt dann im günstigsten Fall (5 €/100 g):	im teuersten Fall (9 €/100 g):
100 g $\triangleq$ 5 €	100 g $\triangleq$ 9 €
1 g $\triangleq$ 0,05 €	1 g $\triangleq$ 0,09 €
4,5 g $\triangleq$ 0,225 € ➤ **rund 25 ct**	4,5 g $\triangleq$ 0,405 € ➤ **rund 40 ct**

Für ein Paar Handschuhe gelten dann 50 ct bzw. 80 ct.

Für ein **Söckchen** gilt dann:

1 140 Maschen : 280 Maschen/g = 4 g

Der Preis beträgt dann im günstigsten Fall (5 €/100 g):	im teuersten Fall (9 €/100 g):
100 g $\triangleq$ 5 €	100 g $\triangleq$ 9 €
1 g $\triangleq$ 0,05 €	1 g $\triangleq$ 0,09 €
4 g $\triangleq$ 0,20 € ➤ **rund 20 ct**	4 g $\triangleq$ 0,36 € ➤ **rund 40 ct**

Für ein Paar Söckchen gelten dann 40 ct bzw. 80 ct.

Es gibt viele andere Möglichkeiten. Denkbar ist auch ein Vergleich mit normalen Socken, die abgewogen werden. – Bei einem fächerübergreifenden Projekt mit Handarbeiten können praktische Erfahrungswerte gesammelt werden.

5. Ausgehend von den Ergebnissen der Schüler zu Aufgabe 4 müssen die Schülerlösungen individuell betrachtet werden. Für die gezeigten Beispiele gilt:

   Mütze: Gewicht 10 g
   7,5 g sind Schurwolle, 2,5 g sind Polyamid.

   ein Handschuh: Gewicht 5 g
   3,75 g sind Schurwolle, 1,25 g sind Polyamid.
   Für ein Paar Handschuhe gilt: 7,5 g Schurwolle und 2,5 g Polyamid.

   ein Söckchen: Gewicht 4 g
   3 g sind Schurwolle, 1 g ist Polyamid.
   Für ein Paar Söckchen gilt: 6 g Schurwolle und 2 g Polyamid.

Weitere mögliche Fragestellungen

- Berechne, wie viel Wolle du benötigst, um eine Mütze für dich zu stricken. Wie lange benötigst du für ihre Herstellung?
- Berechne die Materialkosten für diese Mütze.
- Schätze ab, wie lange man für die Herstellung einer Mütze für Frühchen benötigt, und erkläre deine Vorgehensweise.

Durch das milde Klima gedeiht am Südwesthang des Tüllinger Bergs (maximale Höhe: 460 m ü. NN) oberhalb von Lörrach der Markgräfler Wein. Der Spätburgunder ist die edelste Rotweinsorte der nördlichen Weinregionen Europas und zählt auch zu den wertvollsten der Welt.
Der Tüllinger Weinbauer Karlheinz Ruser möchte ein Hangstück der Größe 800 m × 200 m mit neuen Burgunder-Stöcken bepflanzen. Der Stockabstand innerhalb einer Reihe beträgt 0,90 m und der Reihenabstand 1,80 m. Zum Nachbargrundstück und zum Weg sollte ein Abstand von mindestens einem Meter eingehalten werden.
Für einen Winzer kostet ein Stock 1,40 € plus 10,7 %[1] Mehrwertsteuer.
Im ersten und zweiten Jahr bringen die Reben keinen Ertrag. Erst im 3. Jahr können die Trauben geerntet werden. Pro Ar werden so ca. 40–50 Liter Wein gekeltert. Im 4. Jahr kann der Ertrag dann um 50 % und im 5. Jahr nochmals um 10 % gesteigert werden.
In den ersten drei Ertragsjahren möchte Herr Ruser nur Kabinett keltern. In den folgenden Jahren werden dann drei Qualitätsstufen angestrebt (vgl. Tabelle):

Qualität	Menge	Oechsle	Ertrag	Preis für eine 0,75-Liter-Flasche
Kabinett	70 %	86 °Oe	70 l	6,80 €
Spätlese	20 %	95 °Oe	55 l	9,80 €
Auslese	10 %	105 °Oe	45 l	19,00 €

Wie viele Grad Oechsle[2] und welche Qualität jeweils erreicht werden können, hängt nicht nur von der Lage, der Rebsorte und der Witterung ab, sondern auch von der Arbeit des Winzers, einer optimalen Pflege des Rebbergs und der Mengenreduzierung (das bedeutet, dass nur ausgewählte, gute Trauben geerntet werden).
Aus den Oechslegraden kann man auch den Alkoholgehalt des zu erwartenden, ganz durchgegorenen Weines annähernd bestimmen. Hierzu teilt man die gemessenen Oechslegrade durch die Zahl 8, woraus sich der durch die Gärung entstehende Alkoholgehalt in Volumenprozent ergibt.

Aufgaben

1. Berechne den Preis der Stöcke, um die Rebfläche zu bepflanzen.
2. Wie viel Kabinett-Wein bringt die Fläche im 3., 4. und 5. Jahr?
3. Berechne die Einnahmen im 6. Jahr. Beachte die unterschiedlichen Qualitätsstufen (vgl. Tabelle oben). Gehe von derselben Ertragsmenge in Litern aus wie im 5. Jahr.
4. Berechne den durchschnittlichen Jahresumsatz in Euro nach 5 und nach 6 Jahren.
5. Berechne den Alkoholgehalt der drei Qualitätsweine (vgl. Tabelle).

[1] Landwirtschaftliche Betriebe bezahlen für Pflanzen einen gesonderten Mehrwertsteuersatz von 10,7 %.
[2] Grad Oechsle (abgekürzt °Oechsle oder °Oe) ist eine Maßeinheit für das Mostgewicht des Traubenmostes.

Didaktische Hinweise

Notwendige Vorkenntnisse der Schüler:

- Flächenberechnung
- Dreisatz
- Prozentrechnen
- Rechnen mit Geldbeträgen

Gestaltungsgedanke

Zur Veranschaulichung des Sachverhalts bietet es sich an, Trauben und Traubensaft auszustellen. Auch der Versuch, eine Dolde zu pressen und zu entdecken, wie viel Saft aus den Trauben gewonnen werden kann, weckt das Interesse am Berechnen der Aufgaben. Wenn dieser Versuch durchgeführt wird, sollte die Menge des Saftes vor dem Pressen geschätzt werden.
Nach dem Berechnen der Einnahmen sollte darauf eingegangen werden, dass der Winzer auch hohe Kosten hat, beispielsweise für seine Erntehelfer. Auch Maschinen und Grundstücke müssen gekauft werden, sodass diese Kosten von den Einnahmen abgezogen werden, um den Gewinn zu berechnen.

Mögliche Differenzierung

Bei Aufgabe 1 sollte darauf geachtet werden, dass die Schüler eine Skizze anlegen und die Reihen und Stockabstände einzeichnen; die Reihen eines Weinbergs verlaufen dabei von oben nach unten (vgl. Foto). Da nicht jede Reihe in der Skizze Platz finden wird, muss ein Teilausschnitt einer Ecke skizziert werden. So wird die Anordnung deutlich.

Folgende Tipps können schwächeren Schülern noch zusätzlich auf Tippkärtchen an die Hand gegeben werden:

- Aufgabe 1: Umrechnung von Quadratmetern in Ar und Hektar:
  1 ha = 100 Ar 1 Ar = 100 m² 1 ha = 10 000 m²
  Die Größen Ar und Hektar werden seltener benötigt und haben oft auch wenig mit dem Erfahrungsbereich der Schüler zu tun. Deshalb ist es für viele Schüler sinnvoll, an die bekannte Größe Quadratmeter anzuknüpfen.
- Aufgabe 1: Berechnung der Anzahl der Reihen:
  Da bei 0 m auch eine Reihe steckt, muss diese beim Berechnen der Reihen addiert werden.
  Um das zu verdeutlichen, berechnen wir die Anzahl der Reihen für eine Länge von 10 m.
  10 m : 1,8 m = 5,5 Reihen
  Aus der Skizze ergibt sich, dass 6 Stöcke Platz haben.

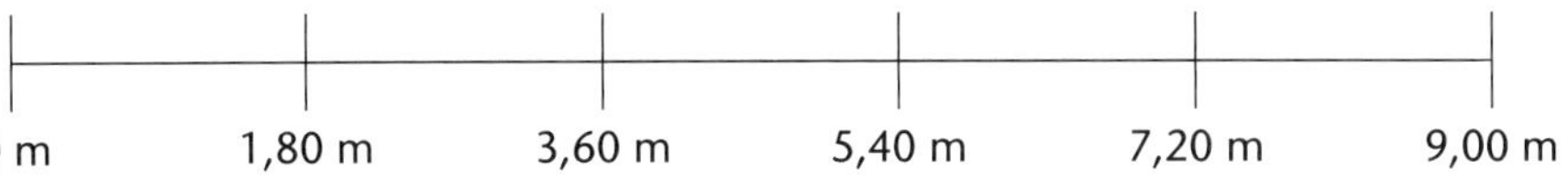

- Aufgabe 2: Beachte die neuen Grundwerte nach 4 und 5 Jahren.
- Aufgabe 3: Beachte den neuen Grundwert. Berechne die Prozentwerte der einzelnen Qualitätsstufen.

Lösungsvorschläge

1. Da rundum ein Abstand von einem Meter eingehalten werden muss, bleiben 798 m · 198 m.

   Anzahl der Reihen: 798 m : 1,80 m ≈ 443,3 ≈ 443 Reihen

   Da bei 0 Meter auch eine Reihe beginnt, muss diese noch addiert werden (siehe Differenzierungshinweise) ➤ 443 Reihen + 1 Reihe = 444 Reihen

   Anzahl der Stöcke pro Reihe: 198 m : 0,9 m = 220 Stöcke ➤ 220 Stöcke + 1 Stock = 221 Stöcke

   Gesamtzahl der Stöcke: 444 Reihen · 221 Stöcke/Reihe = 98 124 Stöcke

   Berechnung der Kosten:

98 124 · 1,40 €	=	137 373,60 €
+ 10,7 % MwSt.	≈	14 698,98 €
gesamt:		152 072,58 €

   Der Kaufpreis der Stöcke beträgt **152 072,58 €.**

2. Im ersten und zweiten Jahr bringen die Reben keinen Ertrag.

   Berechnung der Gesamtfläche:

   Hier gehen wir von 800 m · 200 m aus.

   A = 800 m · 200 m = 160 000 m² = 1 600 Ar = 16 ha

   Dem Aufgabentext entnimmt man, dass pro Ar 40–50 Liter Wein gekeltert werden. Wir rechnen hier mit dem Mittelwert 45 l.

3. Jahr:	1 600 Ar · 45 l	=	**72 000 l**
4. Jahr:	72 000 l + 36 000 l	=	**108 000 l**
5. Jahr:	108 000 l + 10 800 l	=	**118 800 l**

3. Berechnung der Einnahmen im 6. Jahr:

   Gesamtmenge = 118 800 l

   100 % ≙ 118 800 l
   70 % ≙ x

   $x = \frac{70\,\% \cdot 118\,800\ l}{100\,\%}$ ➤ x = 83 160 l (entfallen auf den Kabinett).

   Entsprechender Rechenweg für Spätlese (20 %) und Auslese (10 %).

   70 % Kabinett ≙ 83 160 l ➤ 83 160 l : 0,75 l =110 880 (Anzahl der Flaschen)
   ➤ 110 880 · 6,80 € = 753 984 €

   20 % Spätlese ≙ 23 760 l ➤ 23 760 l : 0,75 l = 31 680 (Anzahl der Flaschen)
   ➤ 31 680 · 9,80 € = 310 464 €

   10 % Auslese ≙ 11 880 l ➤ 11 880 l : 0,75 l = 15 840 (Anzahl der Flaschen)
   ➤ 15 840 · 19,00 € = 300 960 €

Gesamteinnahmen: 753 984 € + 310 464 € + 300 960 € = **1 365 408 €**

Hier handelt es sich um die Gesamteinnahmen und nicht um den reinen Gewinn. Um den Gewinn zu berechnen, müssen Materialkosten, Lohnkosten usw. berücksichtigt und abgezogen werden. Die Aufgabe könnte also noch entsprechend erweitert werden.

4. Durchschnittlicher Umsatz pro Jahr nach 6 Jahren:

   72 000 l (Ertrag 3. Jahr) + 108 000 l (Ertrag 4. Jahr) + 118 800 l (Ertrag 5. Jahr) = 298 800 l

   Dies ergibt folgende Anzahl an Flaschen: 298 800 l : 0,75 l = 398 400
   ➤ Gesamteinnahmen pro Flasche: 398 400 · 6,80 € = 2 709 120 €
   Umsatz pro Jahr: 2 709 120 € : 5 = **541 824 €**

   Durchschnittlicher Umsatz pro Jahr nach 6 Jahren:
   1 365 408 € (Wert aus Aufgabe 3) + 2 709 120 € = 4 074 528 €
   Pro Jahr ➤ 4 074 528 € : 6 = **679 088 €**

5. Berechnung des Alkoholgehaltes der drei Qualitätsstufen:

   Kabinett: 86 °Oe : 8 $\triangleq \approx$ **10,8 % Alkohol**

   Spätlese: 95 °Oe : 8 $\triangleq \approx$ **11,9 % Alkohol**

   Auslese: 105 °Oe : 8 $\triangleq \approx$ **13,1 % Alkohol**

Weitere mögliche Fragestellungen

- Erstelle ein Modell: Welche Qualitätsklasse würdest du ansetzen, um einen möglichst hohen Umsatz zu erwirtschaften?
- Überlege, warum die Verteilung der Qualitätsstufen so gewählt wurde.
- Fermi-Aufgabe: Berechne die Kosten, die ein Winzer von den Einnahmen abziehen muss. Beachte dabei zum Beispiel Folgendes: Kauf des Grundstücks, Kauf von Maschinen und Werkzeugen, Lohnkosten für Erntehelfer, …
- Erstelle ein Diagramm der Einnahmen auf 10 Jahre gesehen.

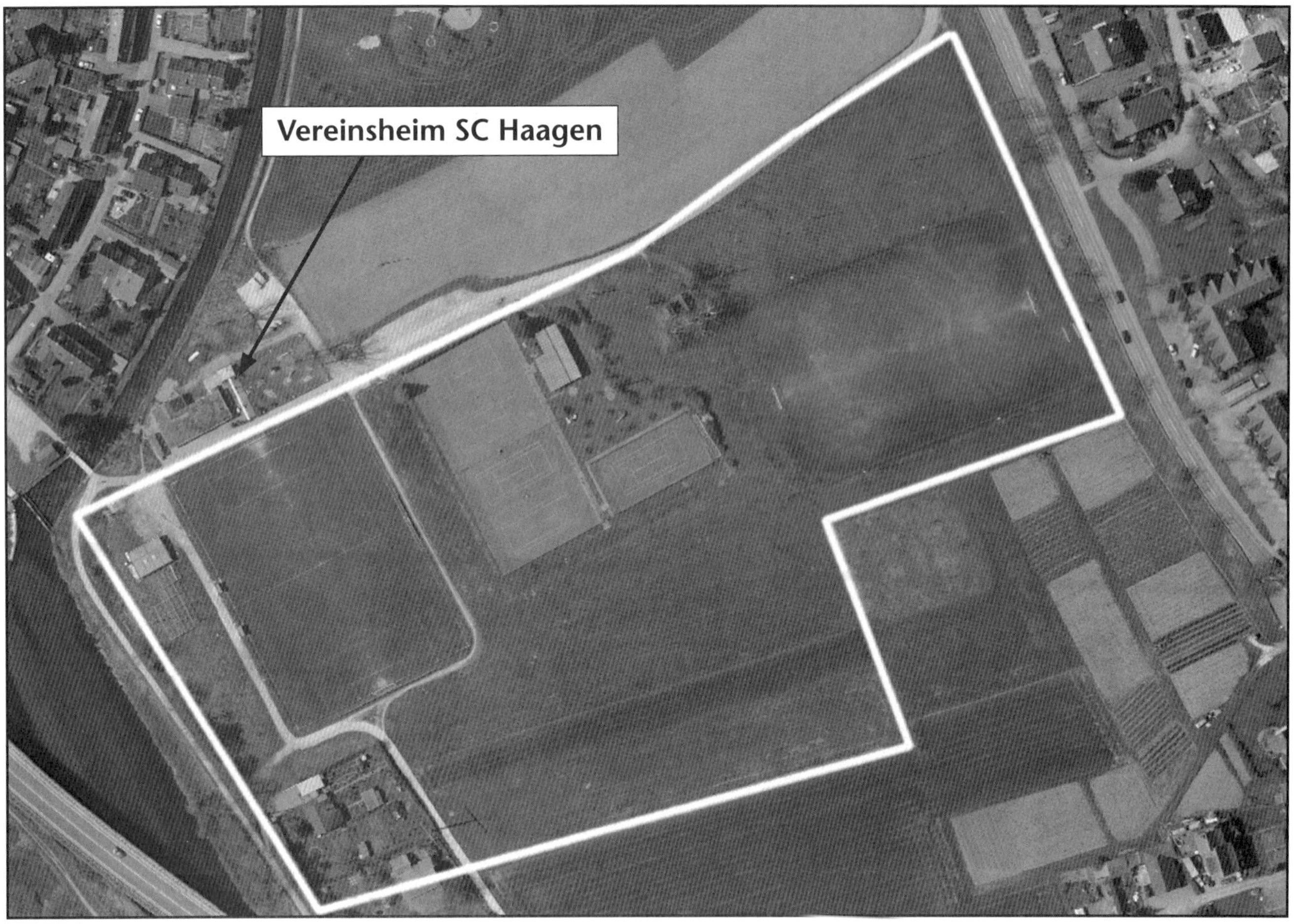

Die Stadt Lörrach möchte auf der Gemarkung Neumatt für die Fußballvereine SC Haagen, FV Brombach und den Tennisverein TC Haagen einen neuen Sportpark planen und bauen. Das zur Verfügung stehende Gelände ist weiß umrandet. Dafür sollen die fünf alten Tennisplätze verlegt werden. Außerdem sind zwei Rasen- und zwei Kunstrasenplätze geplant. Für zwei der drei Vereine soll es zusätzlich ein Vereinsheim mit Umkleidekabinen geben. Das bestehende Vereinsheim des SC Haagen soll erhalten bleiben.

Ein Doppel-Spielfeld eines Tennisplatzes hat die Maße 78 Fuß auf 36 Fuß. Die Fläche zwischen Grundlinie und Einzäunung hat etwa eine Länge von 18 bis 21 Fuß (5,49 m bis 6,40 m). Die Breite der Fläche zwischen Seitenlinie und Einzäunung liegt bei etwa 10 bis 12 Fuß (3,04 m bis 3,66 m). Die Länge der kurzen Seiten (Torlinie) muss bei Fußballfeldern zwischen 45 und 90 Metern, die der langen Seiten (Seitenlinie) zwischen 90 und 120 Metern betragen, theoretisch zulässige annähernd quadratische Spielfelder kommen in der Praxis aber nicht vor. Üblich sind 68 mal 105 Meter. Diese Größe ist auch für die geplanten Spielfelder vorgesehen.

Aufgaben

1. Gib den Maßstab des Stadtplans auf der nächsten Seite an.
2. Wie groß ist das zur Verfügung stehende Gelände?
3. Wie groß ist die Fläche, die für die Plätze und Vereinsheime benötigt wird?
4. Überlege dir, wie du die Plätze und die Vereinsheime auf dem zur Verfügung stehenden Gelände anordnen würdest. Begründe deine Entscheidung.

Didaktische Hinweise

Notwendige Vorkenntnisse der Schüler:

- Maßstab
- Dreisatz
- Rechnen mit Flächeninhalten
- mathematisch argumentieren

Gestaltungsgedanke

Die Aufgabe ist sehr offen gestaltet, sodass viele Lösungen möglich sind.
Über die genormten Maße des Tennisplatzes kann der Maßstab des Plans ermittelt werden.
1 Fuß entspricht 0,3048 m. Diese Umrechnung kann bis auf zwei Zehntel genau über die Angabe 18 bis 21 Fuß (5,49 m bis 6,40 m) aus dem Infotext ermittelt werden. Wenn eine ganz genaue Umrechnung gewünscht wird, kann eine eigenständige Recherche durchgeführt werden.
Die Anordnung der Spielfelder lässt viele Möglichkeiten zu, sodass in der Lösung ein Beispiel exemplarisch vorgestellt wird.
Eine gute Möglichkeit, die Spielfelder und die Vereinsheime variantenreich anzuordnen, ist das Ausschneiden der Spielfelder in Maßstabsgröße. So können die Objekte beliebig auf dem Plan verschoben und die günstigste Anordnung gewählt werden. Zu bedenken wäre, dass die Tennisspieler keine „Sandwich-Lösung" wollen. Das heißt, dass es für die Konzentration der Tennisspieler ungünstig wäre, wenn sie von Fußballfeldern umzingelt werden.
Die Schüler sollen ihre Lösungen begründen.

Mögliche Differenzierung

Als Differenzierung bieten sich Tippkärtchen mit folgenden Hinweisen an:

- Aufgabe 1: Umrechnung: 1 Fuß $\triangleq$ 0,3048 m
- Aufgabe 1: Verwende die Länge des Tennisplatzes als Bezugsgröße zur Berechnung des Maßstabs des Plans.
- Aufgabe 2: Teile die Gesamtfläche in berechenbare Teilflächen auf.
- Aufgabe 4: Zeichne alle Spielfelder und die Vereinsheime auf. Achte auf den richtigen Maßstab. Schneide sie aus und lege sie „günstig" auf das zur Verfügung stehende Grundstück.

Jedes Verwenden eines Tippkärtchens sollte in der Leistungsbeurteilung berücksichtigt werden.

Lösungsvorschläge

1. Berechnung des Maßstabes über die Größe des Tennisplatzes:

   1 Fuß ≙ 0,3048 m

   Länge des Tennisplatzes = 78 Fuß ≙ 23,77 m

   Berechnen des Maßstabes:

   Der Tennisplatz hat auf dem Foto eine Länge von 1,5 cm.

   1,5 cm ≙ 2 377 cm (23,77 m)
   1 cm ≙ x

   $$x = \frac{1\text{ cm} \cdot 2\,377\text{ cm}}{1{,}5\text{ cm}}$$

   x = 1 585 cm (15,85 m)

   Der Maßstab beträgt ungefähr **1 : 1 585.**

   Das zur Verfügung stehende Gelände wird in möglichst günstig zu berechnende Teilflächen unterteilt. Die Fläche A_3 ist zwar kein Trapez, aber aufgrund der geringen Abweichungen kann das vernachlässigt werden. Man rechnet also mit drei Trapezen (vgl. Foto unten).

Berechnung der Werte mithilfe des Maßstabes von 1 : 1 585:

	A_1			A_2			A_3		
	a	c	h	a	c	h	a	c	h
Zeichnung	8,5 cm	6,7 cm	6,5 cm	13,1 cm	14 cm	6,6 cm	4,9 cm	2,7 cm	12,6 cm
Wirklichkeit in m	135 m	106 m	103 m	208 m	222 m	105 m	78 m	43 m	200 m
$A = \frac{a + c}{2} \cdot h$	12 412 m²			22 575 m²			12 100 m²		

$A_{Gesamt} = 12\,412\ m^2 + 22\,575\ m^2 + 12\,100\ m^2 = 47\,087\ m^2 = 470{,}87\ Ar = 4{,}7\ ha$

Die Gesamtfläche beträgt **47 087 m²**.

2. Für ein Fußballfeld ergibt sich eine Fläche von:

   $A_{Fußball} = 68\ m \cdot 105\ m = 7\,140\ m^2$ ➤ 4 Felder = 28 560 m²

   Ein Tennisplatz hat die Maße 10,97 m × 23,77 m. Durch die Zugabe vom Spielfeld bis zum Zaun (3,50 m an einer Seite und 6,20 m zur Grundlinie) ergeben sich die Seitenlängen 17,97 m × 35,77 m.

   Die Fläche eines Tennisplatzes beträgt somit:

   $A_{Tennis} = 17{,}97\ m \cdot 35{,}77\ m = 643\ m^2$ ➤ 5 Felder = 3 215 m²

   Die benötigte Fläche eines Vereinsheims kann nur grob geschätzt werden. In der Lösung gehen wir von einer Fläche von 300 m² aus. ➤ 300 m² · 2 = 600 m²

   Gesamtfläche: 28 560 m² + 3 215 m² + 600 m² = **32 375 m²**

3. Individuelle Lösungen.

Weitere mögliche Fragestellungen

- Gib den prozentualen Anteil der bebauten Fläche und der Freifläche an. Berücksichtige dabei auch die Wege zu den Vereinsheimen und Sportplätzen.
- Zeige die Verteilung der Flächen in einem Kreisdiagramm.
- Berechne den Rohrdurchmesser der Regenwasserleitung, um das Regenwasser von allen Plätzen ableiten zu können.

Das Hornbergbecken wird saniert (Sommer 2008).

Das Hornbergbecken ist mit einem Wasserspiegel auf 1 048 m ü. NN die höchstgelegene Stauanlage Deutschlands. Das Becken hat einen Ringdamm mit einer Grundrissform wie ein Stadion (Halbkreise mit Geradenstücken). Im Stauziel bei 1 048 m ü. NN hat das Becken eine Wasserspiegelbreite von 268 m und eine Wasserspiegellänge von 687 m. Der Staudamm besteht aus Fels- und Erdmassen. Er ist auf der Innenseite durch Asphaltbeton abgedichtet und die Außenseite ist begrünt. Im Becken stehen zwei Türme, der Einlaufturm und der Aufzugturm. Beide Türme sind an ihrem Kopfende miteinander verbunden.

Das Becken wurde für die Renovierung vollständig entleert. Bis zum tiefstmöglichen Wasserstand können die Turbinen arbeiten. Danach werden sie abgeschaltet und das Becken kann mit 700 l/s vollständig entleert werden.

Daten	
Höhe der Dammkrone:	1 050 m ü. NN
Stauziel:	1 048,00 m ü. NN
Höhe Beckenboden:	1 004,00 m ü. NN
Tiefster möglicher Wasserstand:	1 012,00 m ü. NN
Kronenlänge:	1 715 m
Böschungsneigung wasserseitig:	1 : 1,6
Max. Durchfluss bei Turbinenbetrieb:	160 m³/s
Max. Durchfluss bei Pumpbetrieb:	144 m³/s

Aufgaben

1. Wie groß ist die Wasseroberfläche bei Vollstau?
2. Wie groß ist die Grundfläche des Beckens? Gib die Größe in m², ha und Anzahl an Fußballfeldern an.
3. Skizziere einen Beckenquerschnitt. Berechne das Fassungsvermögen des Beckens. Gib das Ergebnis in m³ und l an.
4. Wie viel Wasser steht für die Erzeugung von Strom zur Verfügung?
5. Wie lange dauerte die vollständige Entleerung des vollen Beckens, sodass die Renovierungsarbeiten durchgeführt werden konnten?

Didaktische Hinweise

Notwendige Vorkenntnisse der Schüler:

- Rechnen mit Körperstümpfen
- Rechnen mit Flächen
- technisches Zeichnen
- Rechnen mit Litern
- Dreisatz
- Rechnen mit großen Zahlen

Gestaltungsgedanke

Als Motivation und Vorarbeit ist eine Recherche über das Hornbergbecken sinnvoll. Die Größe des Beckens ist sehr beeindruckend, sodass hier Vergleiche mit den Schülern bekannten Gebäuden hergestellt werden sollten. In Frage kommen zum Beispiel Fußballstadien. Auch Vergleiche der Wassermenge im Becken mit anderen Gewässern machen deutlich, wie groß dieses Bauwerk ist. Hier bietet sich auch ein direkter Vergleich mit dem örtlichen Schwimmbad an.

Mögliche Differenzierung

Die Aufgabe erfordert ein hohes Maß an vorausschauendem Denken. Die für die Rechnung benötigten Werte müssen aus der Tabelle und dem Text entnommen werden. Hierbei können gezielte Hilfestellungen sinnvoll sein:

- 1. Aufgabe: Aus welchen Teilflächen setzt sich die Wasseroberfläche zusammen? Fertige eine Skizze an und suche dir die Maße aus dem Text heraus.
- 2. Aufgabe: Beachte den wasserseitigen Böschungswinkel von 1 : 1,6. Mithilfe des Böschungswinkels kannst du Länge, Breite und den Radius des Beckenbodens berechnen.
- 3. Aufgabe: Um das Fassungsvermögen des Beckens zu berechnen, benötigst du die Formel für einen Kegelstumpf und ein Prisma. Rechne mit den Werten aus Aufgabe 1 und 2.
- 4. Aufgabe: Achte auf den tiefstmöglichen Wasserstand zur Stromerzeugung. Es entstehen so zwei Körper mit der Höhe 36 m.
- 5. Aufgabe: Bei der vollständigen Leerung müssen zwei Fließgeschwindigkeiten beachtet werden.

Lösungsvorschläge

1. Wasseroberfläche Vollstau:

Mithilfe einer Skizze wird die Fläche deutlich.

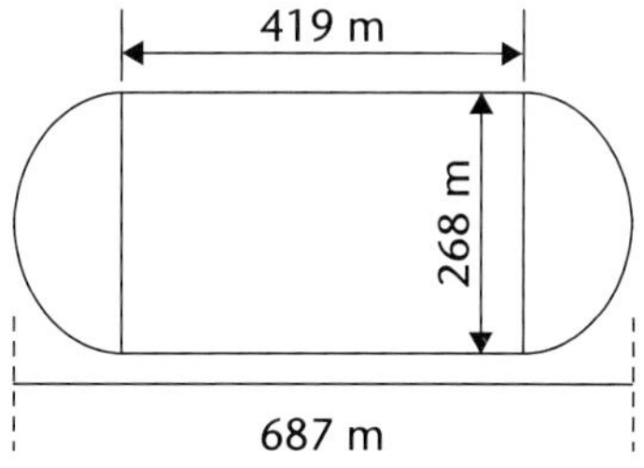

Daraus ergibt sich folgender Radius der Halbkreise:
$r = 268\text{ m} : 2 = 134\text{ m}$

Das Rechteck hat die Länge $687\text{ m} - 268\text{ m} = 419\text{ m}$

Flächeninhalt = $A_{Rechteck} + A_{Kreis}$

$A_{Wasserspiegel\text{-}Stauziel} = 419\text{ m} \cdot 268\text{ m} + \pi \cdot (134\text{ m})^2$

$A_{Wasserspiegel\text{-}Stauziel} = \mathbf{168\,702{,}44\ m^2 \approx 17\ ha}$

2. Grundfläche Becken:

Mithilfe des wasserseitigen Böschungsneigungswinkel können Länge, Breite und damit auch der Radius des Kreises berechnet werden.

Höhenunterschied Stauziel – Beckenboden = 1 048 m ü. NN – 1 004 m ü. NN = 44 m

$1\text{ m} \triangleq 1{,}6\text{ m}$
$44\text{ m} \triangleq x$

$$x = \frac{44\text{ m} \cdot 1{,}6\text{ m}}{1\text{ m}}$$

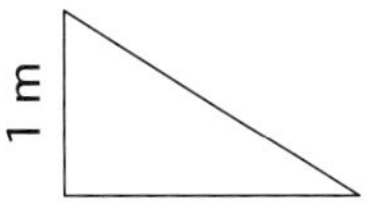

$x = 70{,}4\text{ m}$

Rechteck Beckenboden:

$a = 419\text{ m}$
$b = 268\text{ m} - 140{,}80\text{ m} = 127{,}20\text{ m}$

Radius Beckenboden:

$r_{Beckenboden} = 127{,}20\text{ m} : 2 = 63{,}60\text{ m}$

Flächeninhalt = $A_{Rechteck} + A_{Kreis}$

$A_{Beckenboden} = 419\text{ m} \cdot 127{,}20\text{ m} + \pi \cdot (63{,}60\text{ m})^2$

$A_{Beckenboden} = 66\,004{,}42\text{ m}^2 \approx 660\text{ Ar} = \mathbf{6{,}60\text{ ha}}$

Ein Fußballfeld hat ca. $105\text{ m} \cdot 68\text{ m} = 7\,140\text{ m}^2$

Vergleich Boden Hornbergbecken – Fußballfeld:

$66\,004{,}42\text{ m}^2 : 7\,140\text{ m}^2 = 9{,}24$

Der Beckenboden des Hornbergbeckens ist so groß wie ca. **9,24 Fußballfelder.**

3. Skizze Beckenquerschnitt:

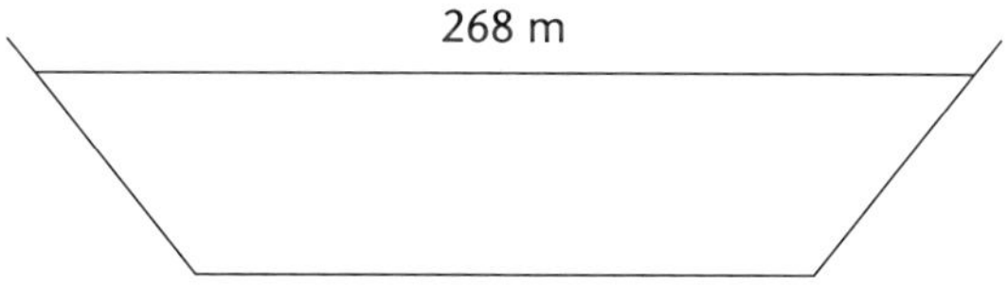

Berechnung Volumen Fassungsvermögen:

$V = V_{Kegelstumpf} + V_{Prisma}$

$$V_{Kegelstumpf} = \frac{h \cdot \pi}{3}(R^2 + R \cdot r + r^2)$$

$$V_{Kegelstumpf} = \frac{44\text{ m} \cdot \pi}{3}(134^2 + 134 \cdot 63{,}6 + 63{,}6^2)\text{m}^2$$

$V_{Kegelstumpf} = 1\,406\,415{,}465\text{ m}^3 = 1\,406\,415\,465\text{ l}$

$V_{Prisma} = A_{Trapez} \cdot h$

$$A_{Trapez} = \frac{h}{2} \cdot (a+c) = \frac{44\text{ m}}{2}(268\text{ m} + 127{,}20\text{ m}) = 8\,694{,}4\text{ m}^2$$

$V_{Prisma} = 8\,694{,}4\text{ m}^2 \cdot 419\text{ m} = 3\,642\,953{,}6\text{ m}^3 = 3\,642\,953\,600\text{ l}$

$V_{Gesamt} = V_{Kegelstumpf} + V_{Prisma} = 1\,406\,415{,}465\text{ m}^3 + 3\,642\,953{,}6\text{ m}^3 = 5\,049\,369\text{ m}^3$

Das Gesamtvolumen des Hornbergbeckens beträgt **5 Mio. m³ oder 5 Mrd. Liter.**

4. Das Wasser kann bis zu einem Wasserspiegel von 1 012 m ü. NN zur Stromerzeugung genutzt werden. Das sind: 1 048 m ü. NN – 1 012 m ü. NN = 36 m ü. NN

   Berechnung der Flächengröße bei diesem Wasserstand mithilfe des Böschungsneigungswinkels von 1 : 1,6

   $1\text{ m} \;\hat{=}\; 1{,}6\text{ m}$
   $36\text{ m} \;\hat{=}\; x$

   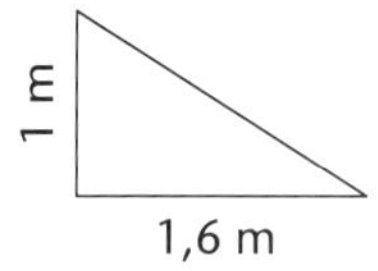

   $x = \frac{36\text{ m} \cdot 1{,}6\text{ m}}{1\text{ m}}$

   $x = 57{,}6\text{ m}$

   Rechteck tiefster Wasserstand für Stromerzeugung:
   a = 419 m
   b = 268 m – 115,20 m = 152,80 m

   Radius Beckenboden:
   $R_{\text{tiefster Wasserstand für Stromerzeugung}} = 152{,}80\text{ m} : 2 = 76{,}4\text{ m}$

   Formeln wie in Aufgabe 3:

   $V_{\text{Kegelstumpf}} = \frac{36\text{ m} \cdot \pi}{3}(134^2 + 134 \cdot 57{,}6 + 57{,}6^2)\text{m}^2$

   $V_{\text{Kegelstumpf}} = 1\,092\,978{,}68\text{ m}^3 = 1\,092\,978\,680\text{ l}$

   $A_{\text{Prisma}} = \frac{36\text{ m}}{2}(268\text{ m} + 152{,}8\text{ m}) = 7\,574{,}4\text{ m}^2$

   $V_{\text{Prisma}} = 7\,574{,}4\text{ m}^2 \cdot 419\text{ m} = 3\,173\,673{,}6\text{ m}^3 = 3\,173\,673\,600\text{ l}$

   $V_{\text{Gesamt}} = V_{\text{Kegelstumpf}} + V_{\text{Prisma}} = 1\,092\,978{,}68\text{ m}^3 + 3\,173\,673{,}6\text{ m}^3 = 4\,266\,652{,}28\text{ m}^3$

   Das Gesamtvolumen des für die Stromerzeugung zur Verfügung stehenden Wassers des Hornbergbeckens beträgt **4,27 Mio. m³ oder 4,27 Mrd. Liter.**

5. Dauer vollständige Entleerung:

   Im Turbinenbetrieb:

   $4\,266\,652{,}28\text{ m}^3 : 160\text{ m}^3\text{/s} = 26\,667\text{ s}$ = 444 Minuten = 7 Stunden 24 Minuten

   Ablauf ab 1 012 m ü. NN:

   $5\,049\,369\text{ m}^3 - 4\,266\,652\text{ m}^3 = 782\,717\text{ m}^3 = 782\,717\,000\text{ l}$

   782 717 000 l : 700 l/s = 1 118 167 s = 18 636 Minuten = 310 h 36 Minuten = 12 Tage 22 Stunden und 36 Minuten

   Das Leeren des Beckens dauert insgesamt **12 Tage 22 Stunden und 36 Minuten.**

Weitere mögliche Fragestellungen

- Berechne, wie lange es dauert, das nach der Renovierung leere Becken im Pumpbetrieb vollständig zu füllen.

Aufgabe 1

Sommer, Sonne, Spaß und mehr

Aufgabe 2

Rund um die Schule

Aufgabe 3

Daraus wird mal Apfelsaft

Aufgabe 4

Es weihnachtet sehr

Aufgabe 5

Setzen, sechs!

Aufgabe 6

Riesiges Werkzeug

Aufgabe 7

Billig tanken!

Aufgabe 8

Ein Stellplatz entsteht

Aufgabe 9

Fliesenlegen – eine Kunst für sich

Aufgabe 10

Flug nach Nirgendwo

Aufgabe 11

Winterdienst

Aufgabe 12

Ein Wahrzeichen Deutschlands:
Das Brandenburger Tor

Aufgabe 13

Mit Mathematik spielen

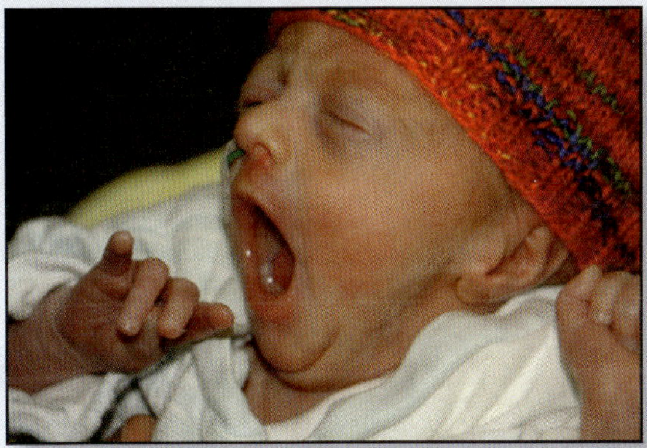

Aufgabe 14

Stricken für Frühchen

Aufgabe 15

Tüllinger im Markgräflerland

Aufgabe 16

Sportpark Neumatt

Aufgabe 17

Großes Schwimmbecken